Christl Keller · Heide Stöhr-Zehetbauer

Rund um die Erstkommunion

Ein Familienbuch

Mit einem Begleitwort von
Gerhard Lohfink

← Die Speisung der Fünftausend

Mose freut sich auf dem Sinai über die Gabe der Zehn Gebote.

Am Anfang ein Brief …

Liebe Eltern, Großeltern und Paten,

in den letzten Jahrzehnten ist viel darüber nachgedacht worden, wie man Kinder am besten auf die Erstkommunion vorbereiten kann. Soll man mit ihnen Brot backen, damit sie das Brot der Eucharistie besser verstehen? Soll man mit ihnen eine Kommunionkerze basteln oder ein Spiel mit biblischem Hintergrund einüben?

Ich will gegen all das nichts einwenden. Aber das Wichtigste wäre doch, dass die Kinder die großen Texte der Bibel kennenlernen und Freude an ihnen gewinnen. Das sage ich nicht nur, weil ich Bibelwissenschaftler bin. Ich sage es auch, weil ich an mir selbst erfahren habe, dass große Texte uns das ganze Leben lang begleiten, trösten und führen können.

Christl Keller und Heide Stöhr-Zehetbauer haben in der Textarbeit mit Kindern seit vielen Jahren große Erfahrung gesammelt. Sie haben Kinder auf die Erstkommunion vorbereitet. Aus dieser Erfahrung ist das vorliegende Buch entstanden. Ich halte es für ausgezeichnet. Es bereitet biblisch und damit sachgerecht auf die Erstkommunion vor. Auch dass es die Textarbeit mit Besuchen in einer Kirche verbindet, halte ich für gut. Wenn Sie Ihre Kinder mithilfe dieses Buches auf die Erstkommunion und das Sakrament der Versöhnung vorbereiten (wobei dann auch noch an die Taufe gedacht wird), werden Sie wahrscheinlich selbst Neues und Schönes entdecken: an den biblischen Texten und bei Ihren Kindern selbst. Ich wünsche Ihnen viel Freude dabei.

Gerhard Lohfink

Inhaltsverzeichnis

Eine Zeitreise zu den Anfängen des biblischen Glaubens

Gott sammelt sich ein Volk 11

Abrahams Berufung und Wanderung nach Kanaan . 12
Abraham und Lot 14
Gottes Verheißung an Abraham 16
Gott zu Gast bei Abraham und Sara 18
Die Berufung des Mose 20
Das Bundesangebot Gottes 22
Der Bruch des Bundes 24
Die Weisung Gottes für sein Volk............. 26
Gott ruft den jungen Samuel 28
Der Prophet Samuel salbt David 30
Jesus beruft die ersten Jünger 32
Anregungen 34

Der Gute Hirte 35

Der Herr ist mein Hirt 36
Jesus sammelt das Gottesvolk neu 38
Jesus segnet die Kinder 38
Jesus heilt einen Gelähmten 40
Die Hirten der Kirche heute 42
„Seid Hüter der Gaben Gottes!" 44
Gebet für die Kommunionkinder 45
Vaterunser 47
Anregungen 48

Die ersten Sakramente

Zum Sakrament der Taufe 49

Die Taufe Jesu 50
Der Apostel Philippus tauft den Äthiopier 52
Das Sakrament der Taufe 54
Die Taufzeichen 55

Inhaltsverzeichnis

Die Wirkung der Taufgnade 58
Petrus und die anderen Apostel taufen 60
Anregungen 62

Zum Sakrament der Versöhnung 63

Jesus im Hause des Zöllners Zachäus 64
Umkehr und Versöhnung 66
Der barmherzige Vater 68
Das Allgemeine Schuldbekenntnis 71
Anregungen 72

Zum Sakrament der Eucharistie 73

Das Paschamahl in Israel 74
Die Vorbereitung des Paschamahles 76
Das letzte Abendmahl 77
Jesu Hinweis auf den Verräter 78
Die Begegnung mit dem Auferstandenen 80
Das Apostolische Glaubensbekenntnis 82
Das Leben der ersten Gemeinden 84
Die Feier der Heiligen Messe 86
Der Aufbau des Gottesdienstes 87
Der Wortgottesdienst 87
Die Mahlfeier 89
Anregungen 96

Rundgang durch eine Kirche

→ Seite 97

Psalmengebete

→ Seite 105

Quellenangaben

→ Seite 111

Durchzug durch das Rote Meer

Für die Eltern

Den „roten Faden" finden — die eine Geschichte in den vielen Geschichten der Bibel sehen

Durch viele Jahrhunderte haben unzählige Autoren an der Bibel geschrieben. Sie haben die Erzählungen ihres Volkes Israel aufgeschrieben, haben Berichte über wichtige Ereignisse in der Geschichte notiert, Namenslisten aufgezeichnet, Lieder verfasst … Andere ordneten die entstandenen Texte und stellten sie zusammen. Nach dem Leben und Tod Jesu von Nazareth wiederholte sich dieser Vorgang — nun auf sein Leben und das Leben der ersten christlichen Gemeinden bezogen. So sind Altes Testament und Neues Testament entstanden: die Bibel. Allen Texten ist eine Sache gemeinsam: Sie sind innerhalb eines Volkes, des „Volkes Gottes", und für dieses Volk geschrieben worden.

Der „rote Faden" aller Geschichten ist: Gott will ein Volk in dieser Welt, nicht aus nationalen Gründen, sondern damit an dessen Leben und Glauben für alle sichtbar wird, wie gut, menschenfreundlich und vernünftig ein Leben nach seinen Geboten, nach seinen Gedanken ist. In allen ihren Teilen, seien sie auch noch so verschieden, erzählt die Bibel, wie dieser Weg des Sammelns und Volkwerdens verlief, was Israel und später die junge Kirche davon verstanden und nicht verstanden haben, was ausprobiert wurde, was nicht gelang und was über die Generationen daraus gelernt wurde.

Unser Buch vermittelt biblische Geschichten von wichtigen Etappen dieser einen Geschichte. Die Erzählungen reihen sich aneinander wie Perlen auf einer Kette und vertiefen so das Verstehen. Kinder nehmen solche Texte ganzheitlich wahr und erleben sie mit Freude und Fantasie. Deswegen haben wir den bereits in der Bibel wunderbar erzählten Geschichten Bilder und Zeichnungen zugeordnet.

Was sich daran anschließt — Texte zu den ersten Sakramenten in der Kirche und zur Kirche als Ort des Gottesdienstes der Christen — sagt einfach: Dieser in der Bibel erzählte Weg ist nicht zu Ende. Er wurde und wird fortgeführt, bis heute. Auch in der Feier der Sakramente, zum Beispiel in der Eucharistie bei der Ersten Kommunion, findet sich dieser „rote Faden", von dem wir sprechen: gesammelt sein zu diesem Volk um der Welt willen. Und zugleich helfen die Erzählungen der Bibel, das, was die Christen feiern und tun, überhaupt zu verstehen. So reißt der Faden nicht ab, und es wird auch in der nächsten Generation das Volk leben, das Gott will.

Heide Stöhr-Zehetbauer und Christl Keller

Eine Zeitreise zu den Anfängen des Glaubens

Gott sammelt sich ein Volk

Abrahams Berufung und Wanderung nach Kanaan

Aus dem Alten Testament | Genesis 12,1—7

Der Herr sprach zu Abraham: Geh fort aus deinem Land, aus deiner Verwandtschaft und aus deinem Vaterhaus in das Land, das ich dir zeigen werde! Ich werde dich zu einem großen Volk machen, dich segnen und deinen Namen groß machen. Ein Segen sollst du sein. Ich werde segnen, die dich segnen; wer dich verwünscht, den werde ich verfluchen. **Durch dich sollen alle Sippen der Erde Segen erlangen.**

Da ging Abraham, wie der Herr ihm gesagt hatte, und mit ihm ging auch Lot. Abraham war fünfundsiebzig Jahre alt, als er von Haran auszog. Abraham nahm seine Frau Sara mit, seinen Neffen Lot und alle ihre Habe, die sie erworben hatten, und alle, die sie in Haran hinzugewonnen hatten.

Sie zogen aus, um in das Land Kanaan zu gehen, und sie kamen in das Land Kanaan. Abraham zog durch das Land bis zur Stätte von Sichem, bis zur Orakeleiche. Die Kanaaniter waren damals im Land. Der Herr erschien Abraham und sprach: Deinen Nachkommen gebe ich dieses Land. Dort baute er dem Herrn, der ihm erschienen war, einen Altar.

Frage an die Kinder

Wie hat Gott angefangen, sich ein Volk zu sammeln, das ihm glaubt?

Wer hilft ihm dabei, wen findet er?

Lasst euch von den Eltern zeigen, wie ihr die Geschichten in der Bibel nachschlagen könnt!

Für die Eltern

Schon immer haben Menschen gedacht: Es gibt Dinge, die viel mächtiger sind als wir selbst, zum Beispiel die Sonne, und sie haben diese Dinge „Gott" genannt. Auch mächtige Herrscher hielten sie für göttlich. Von Abraham wird erzählt, er sei der Erste gewesen, der so nicht glauben konnte.

Er verließ seine „heidnische" Heimat und zog in das Gebiet des heutigen Israel. Die Menschen in Israel damals erkannten, dass Gott, wenn er wirklich mächtig ist, noch viel größer sein muss als die Sonne. Sie sagten: Gott ist unsichtbar, aber er handelt in der Welt, und er spricht in unserem Herzen, in unserem Gewissen und dort, wo Menschen gemeinsam nach ihm fragen. Abraham war der erste in diesem Sinne Glaubende. Er wird darum der „Vater des Glaubens" genannt.

Abraham steht vor Gott

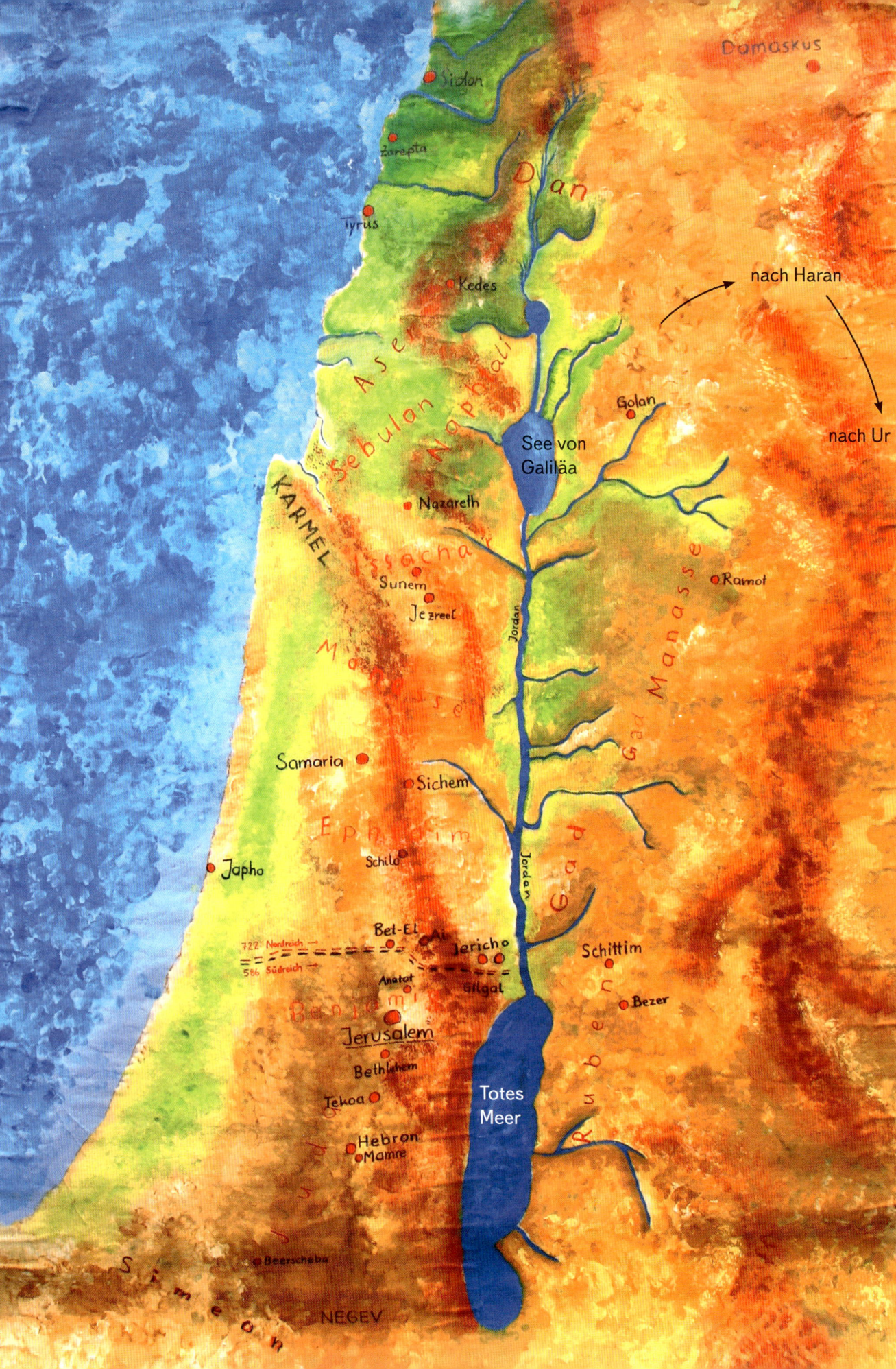

Abraham und Lot

Aus dem Alten Testament | Genesis 13,2 – 10a.11 – 12

Abraham hatte einen sehr ansehnlichen Besitz an Vieh, Silber und Gold. Er ging von einem Lagerplatz zum anderen weiter, vom Negeb bis nach Bet-El, bis zu der Stätte, an der anfangs sein Zelt gestanden hatte, zwischen Bet-El und Ai, der Stätte, an der er früher den Altar errichtet hatte. Dort rief Abraham den Namen des Herrn an.

Auch Lot, der mit Abraham ging, besaß Schafe und Ziegen, Rinder und Zelte. Das Land reichte nicht hin, dass sich beide nebeneinander darin hätten ansiedeln können; denn ihr Besitz war zu groß und so konnten sie sich nicht miteinander niederlassen. So entstand Streit zwischen den Hirten der Herde Abrahams und den Hirten der Herde Lots; auch siedelten damals noch die Kanaaniter und die Perisiter im Land.

Da sagte Abraham zu Lot: Zwischen mir und dir, zwischen meinen und deinen Hirten soll es keinen Streit geben; wir sind doch Brüder. Liegt nicht das ganze Land vor dir? Trenn dich also von mir! Wenn du nach links willst, gehe ich nach rechts; wenn du nach rechts willst, gehe ich nach links. Lot erhob seine Augen und sah, dass die ganze Jordangegend überall bewässert war. Da wählte sich Lot die ganze Jordangegend aus. Lot brach nach Osten auf, und sie trennten sich voneinander. Abraham ließ sich im Land Kanaan nieder, während Lot sich in den Städten jener Gegend niederließ und seine Zelte bis Sodom hin aufschlug.

← Das Land Kanaan –
   Alttestamentliche Israelkarte, mit Kindern gemalt

? Frage an die Kinder

Sogar in der Familie des Abraham gab es Streit. Warum?

Abraham findet einen Weg, den Streit zu beenden — was hat er getan?

Für die Eltern

Abraham und sein Neffe Lot sind aufgebrochen aus Ur und über Haran nach Kanaan gekommen, um die Götter Babylons — im Gebiet von Euphrat und Tigris — hinter sich zu lassen. Doch im neuen Land kommt es zu Auseinandersetzungen unter denen, die mit Abraham ausgezogen sind, Streit um die besseren Weideplätze, die besseren Brunnen. Abraham als Stammesführer, alt und ehrwürdig, darf selbstverständlich bestimmen, welches Stück Land er haben will als Weiden für seine Schafe und Ziegen.

Was tut er aber? Er bietet seinem Neffen Lot an, dass der wählen soll. Dieser nimmt sogleich die fruchtbare Jordangegend in Besitz, wo es Wasser und Weideland gibt. Der Ort Sodom muss in der Gegend des Toten Meeres gelegen haben. Abraham ist mit den Höhen des Landes zufrieden, wo die Herden etwas Futter finden, und sie dann weiterziehen, wenn alles abgegrast ist. Abraham handelt so, damit Frieden sein kann unter denen, die um Gottes willen ausgezogen sind. Er denkt Gottes Gedanken und setzt sie in die Tat um. So können wir sagen: Gott spricht zu ihm.

Gottes Verheißung an Abraham

Aus dem Alten Testament | Genesis 13,14 – 18

Nachdem sich Lot von Abraham getrennt hatte, sprach der Herr zu Abraham: Erheb deine Augen und schau von der Stelle, an der du stehst, nach Norden und Süden, nach Osten und Westen! **Das ganze Land nämlich, das du siehst, will ich dir und deinen Nachkommen für immer geben. Ich mache deine Nachkommen zahlreich wie den Staub auf der Erde.** Nur wer den Staub auf der Erde zählen kann, wird auch deine Nachkommen zählen können. Mach dich auf, durchzieh das Land in seiner Länge und Breite; denn dir werde ich es geben. Da zog Abraham mit seinen Zelten weiter und ließ sich bei den Eichen von Mamre in Hebron nieder. Dort baute er dem Herrn einen Altar.

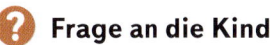 **Frage an die Kinder**

Welches große Versprechen gibt Gott dem Abraham? Warum wohl? Was hat er im Sinn?

Du kannst den Weg Abrahams und die ersten Orte des Gottesvolkes auf der biblischen Landkarte finden!

Für die Eltern

Gott hat Gefallen an Abraham, der die Welt der Götter verlassen hat. Die Geschichte will zeigen, wie Abraham die Gedanken des einen Gottes, der den Menschen zugetan ist, nach-zu-denken versucht und entsprechend handelt. Das Land, das Gott verheißt, sollte der Anfang sein; denn Gottes Güte soll der ganzen Welt bekannt werden.

Und so kündigt Gott durch seine Boten an, dass dem Abraham, obwohl er und seine Frau schon in hohem Alter sind, noch ein Sohn geboren werde, weil Gott Abraham zu einem großen Volk machen will. Und Abraham glaubt diese Unmöglichkeit.

Sara glaubt nur, was ein Mensch sich vorstellen kann, nicht mehr. Deshalb lacht sie. Abraham bereitet überaus gastfreundlich für die drei Boten Gottes ein üppiges Mahl und bedient voller Freude seine Gäste: Dieser zweite Teil der Erzählung steht auf der nächsten Seite.

← Abraham hört auf Gott

Abraham bedient seine Gäste

Gott zu Gast bei Abraham und Sara

Aus dem Alten Testament | Gen 18,1–19

Der Herr erschien Abraham bei den Eichen von Mamre, während er bei der Hitze des Tages am Eingang des Zeltes saß. Er erhob seine Augen und schaute auf, siehe, da standen drei Männer vor ihm. Als er sie sah, lief er ihnen vom Eingang des Zeltes aus entgegen, warf sich zur Erde nieder und sagte: Mein Herr, wenn ich Gnade in deinen Augen gefunden habe, geh doch nicht an deinem Knecht vorüber! Man wird etwas Wasser holen; dann könnt ihr euch die Füße waschen und euch unter dem Baum ausruhen. Ich will einen Bissen Brot holen, dann könnt ihr euer Herz stärken, danach mögt ihr weiterziehen; denn deshalb seid ihr doch bei eurem Knecht vorbeigekommen. Sie erwiderten: Tu, wie du gesagt hast!

Da lief Abraham eiligst ins Zelt zu Sara und rief: Schnell drei Sea feines Mehl! Knete es und backe Brotfladen! Er lief weiter zum Vieh, nahm ein zartes, prächtiges Kalb und übergab es dem Knecht, der es schnell zubereitete. Dann nahm Abraham Butter, Milch und das Kalb, das er hatte zubereiten lassen, und setzte es ihnen vor. Er selbst wartete ihnen unter dem Baum auf, während sie aßen. Sie fragten ihn: Wo ist deine Frau Sara? Dort im Zelt, sagte er. Da sprach er: **In einem Jahr komme ich wieder zu dir. Siehe, dann wird deine Frau Sara einen Sohn haben.**

Sara hörte am Eingang des Zeltes hinter seinem Rücken zu. Abraham und Sara waren schon alt; sie waren hochbetagt. Sara erging es nicht mehr, wie es Frauen zu ergehen pflegt. Sara lachte daher still in sich hinein und dachte: Ich bin doch schon alt und verbraucht und soll noch Liebeslust erfahren? Auch ist mein Herr doch schon ein alter Mann! Da sprach der Herr zu Abraham: Warum lacht Sara und sagt: Sollte ich wirklich noch gebären, obwohl ich so alt bin?

 Frage an die Kinder

Kann man Gott direkt erkennen, wenn er bei Menschen zu Gast ist?

Was versprechen die Boten Gottes dem alten Abraham und seiner Frau Sara?

Fortsetzung biblischer Text:

Ist denn beim Herrn etwas unmöglich? Nächstes Jahr um diese Zeit werde ich wieder zu dir kommen; dann wird Sara einen Sohn haben. Sara leugnete: Ich habe nicht gelacht. Denn sie hatte Angst. Er aber sagte: Doch, du hast gelacht. Die Männer erhoben sich von dort und schauten auf Sodom hinab. Abraham ging mit ihnen, um sie zu geleiten.

Da sagte sich der Herr: Soll ich Abraham verheimlichen, was ich tun will? Abraham soll doch zu einem großen, mächtigen Volk werden, durch ihn sollen alle Völker der Erde Segen erlangen. **Denn ich habe ihn dazu ausersehen, dass er seinen Söhnen und seinem Haus nach ihm gebietet, den Weg des Herrn einzuhalten und Gerechtigkeit und Recht zu üben, damit der Herr seine Zusagen an Abraham erfüllen kann.**

Die Berufung des Mose

Aus dem Alten Testament | Exodus 3,1 – 10.15

Mose weidete die Schafe und Ziegen seines Schwiegervaters Jitro, des Priesters von Midian. Eines Tages trieb er das Vieh über die Steppe hinaus und kam zum Gottesberg Horeb. Dort erschien ihm der Engel des Herrn in einer Feuerflamme, mitten aus dem Dornbusch. Er schaute hin: Der Dornbusch brannte im Feuer, aber der Dornbusch wurde nicht verzehrt. Mose sagte: Ich will dorthin gehen und mir die außergewöhnliche Erscheinung ansehen. Warum verbrennt denn der Dornbusch nicht?

Als der Herr sah, dass Mose näher kam, um sich das anzusehen, rief Gott ihm mitten aus dem Dornbusch zu: Mose, Mose! Er antwortete: Hier bin ich. Er sagte: Komm nicht näher heran! Leg deine Schuhe ab; denn der Ort, wo du stehst, ist heiliger Boden. Dann fuhr er fort: Ich bin der Gott deines Vaters, der Gott Abrahams, der Gott Isaaks und der Gott Jakobs. Da verhüllte Mose sein Gesicht; denn er fürchtete sich, Gott anzuschauen.

Der Herr sprach: Ich habe das Elend meines Volkes in Ägypten gesehen, und ihre laute Klage über ihre Antreiber habe ich gehört. Ich kenne sein Leid. Ich bin herabgestiegen, um es der Hand der Ägypter zu entreißen und aus jenem Land hinaufzuführen in ein schönes, weites Land, in ein Land, in dem Milch und Honig fließen, in das Gebiet der Kanaaniter, Hetiter, Amoriter, Perisiter, Hiwiter und Jebusiter. Jetzt ist die laute Klage der Israeliten zu mir gedrungen und ich habe auch gesehen, wie die Ägypter sie unterdrücken.

Und jetzt geh! Ich sende dich zum Pharao. Führe mein Volk, die Israeliten, aus Ägypten heraus! Weiter sprach Gott zu Mose: So sag zu den Israeliten: Der Herr, der Gott eurer Väter, der Gott Abrahams, der Gott Isaaks und der Gott Jakobs, hat mich zu euch gesandt. Das ist mein Name für immer und so wird man mich anrufen von Geschlecht zu Geschlecht.

❓ Frage an die Kinder

Was denkt ihr: Warum hat Mose Gott zugestimmt? Es war ja sicher kein leichter Auftrag?

Für die Eltern

Tatsächlich mehren sich die Nachkommen Abrahams in den nächsten Generationen im Lande Kanaan; sie bilden einen Stämmeverbund, aus dem später das Volk Israel wurde. Einmal regnet es lange Zeit nicht, es gibt eine große Dürre und damit Hungersnot. Josef und seine Brüder fliehen nach Ägypten, wo sie überleben; sie siedeln sich im Landstrich Goschen an. Aber die Ägypter nehmen diese Ausländer als Sklaven für ihren Pyramidenbau und ihre Hofhaltung, und die Israeliten müssen hart arbeiten. Wie durch ein Wunder überlebt Mose; Gott wird ihn noch brauchen.

Mose erschrickt sehr am brennenden Dornbusch über den Auftrag Gottes, dass er das Volk Israel aus Ägypten herausführen soll. Mose sagt: Du weißt doch, dass ich nicht gut reden kann. Aber Gott verweist ihn auf seinen Bruder Aaron: Ihr müsst miteinander zum Pharao gehen und Israel aus dem Sklavenhaus retten.

Und als Mose fragt, wer ihn dorthin schickt, sagt Gott: Ich bin der Gott Abrahams, Isaaks und Jakobs. Er ist also der Gott derer, durch die er in unserer Welt handeln kann. Und diese Geschichte dauert nun schon seit vielen Generationen an.

Mose am brennenden Dornbusch →

Das Bundesangebot Gottes

Aus dem Alten Testament | Exodus 19,1–8

Im dritten Monat nach dem Auszug der Israeliten aus Ägypten, an diesem Tag, kamen sie in der Wüste Sinai an. Sie waren von Refidim aufgebrochen und kamen in die Wüste Sinai. Sie schlugen in der Wüste das Lager auf. Dort lagerte Israel gegenüber dem Berg. Mose stieg zu Gott hinauf. Da rief ihm der Herr vom Berg her zu: Das sollst du dem Haus Jakob sagen und den Israeliten verkünden:

Ihr habt gesehen, was ich den Ägyptern angetan habe, wie ich euch auf Adlerflügeln getragen und zu mir gebracht habe. **Jetzt aber, wenn ihr auf meine Stimme hört und meinen Bund haltet, werdet ihr unter allen Völkern mein besonderes Eigentum sein.** Mir gehört die ganze Erde, ihr aber sollt mir als ein Königreich von Priestern und als ein heiliges Volk gehören. Das sind die Worte, die du den Israeliten mitteilen sollst.

Mose ging und rief die Ältesten des Volkes zusammen. Er legte ihnen alles vor, was der Herr ihm aufgetragen hatte. **Das ganze Volk antwortete einstimmig und erklärte: Alles, was der Herr gesagt hat, wollen wir tun.** Mose überbrachte dem Herrn die Antwort des Volkes.

? Frage an die Kinder

Wie viele Israeliten wollten den Bund mit Gott schließen?

Und was war das Versprechen Gottes?

Warum können die Israeliten auf Gott vertrauen, was hat er schon für sein Volk getan?

Für die Eltern

Das Elend der Israeliten in Ägypten war nicht nur ihre unfreie Situation, sondern auch die Unfreiheit, ihren Glauben zu leben, galt doch der Pharao schon als „göttlich". Es gelingt zu fliehen. Jetzt ist Israel frei, mit Gott einen Bund zu schließen, über Mose auf Gott zu hören, sein heiliges und um der Welt willen von Gott ersehntes Volk zu sein, sein besonderes Eigentum.

Es gibt die Glaubenszeugnisse der Geschichte Gottes mit den Vorfahren Israels seit Abraham. Aus dieser Geschichte kann das Volk Israel lernen, auf Gott zu vertrauen; daraus entstehen auch die Feste im Jahr, z. B. das Pascha-Fest (Vorübergang des Herrn) zum Gedenken an die Herausführung aus Ägypten, an das Wunder der Errettung durch Gott.

← Die Israeliten hören vom Bund mit Gott

Tanz um das goldene Kalb

Der Bruch des Bundes — das goldene Kalb

Aus dem Alten Testament | Exodus 31,18; 32,1—8a.19—20

Nachdem der Herr aufgehört hatte, zu Mose auf dem Berg Sinai zu sprechen, übergab er ihm die zwei Tafeln des Bundeszeugnisses, steinerne Tafeln, beschrieben vom Finger Gottes. Als das Volk sah, dass Mose noch immer nicht vom Berg herabkam, versammelte es sich um Aaron und sagte zu ihm: Komm, mach uns Götter, die vor uns herziehen. Denn dieser Mose, der Mann, der uns aus dem Land Ägypten heraufgeführt hat – wir wissen nicht, was mit ihm geschehen ist. Aaron antwortete: Nehmt euren Frauen, Söhnen und Töchtern die goldenen Ringe ab, die sie an den Ohren tragen, und bringt sie her! Da nahm das ganze Volk die goldenen Ohrringe ab und brachte sie zu Aaron. Er nahm sie aus ihrer Hand. Und er bearbeitete sie mit einem Werkzeug und machte daraus ein gegossenes Kalb. Da sagten sie: Das sind deine Götter, Israel, die dich aus dem Land Ägypten heraufgeführt haben.

Als Aaron das sah, baute er vor ihm einen Altar und rief aus: Morgen ist ein Fest für den Herrn. Früh am Morgen standen sie auf, brachten Brandopfer dar und führten Tiere für das Heilsopfer herbei. Das Volk setzte sich zum Essen und Trinken und stand auf, um sich zu vergnügen. Da sprach der Herr zu Mose: **Geh, steig hinunter, denn dein Volk, das du aus dem Land Ägypten heraufgeführt hast, läuft ins Verderben.** Schnell sind sie von dem Weg abgewichen, den ich ihnen vorgeschrieben habe. Sie haben sich ein gegossenes Kalb gemacht, sich vor ihm niedergeworfen und ihm Opfer geschlachtet.

Als er dem Lager näher kam und das Kalb und die Tänze sah, entbrannte der Zorn des Mose. Er schleuderte die Tafeln fort und zerschmetterte sie am Fuß des Berges. Dann packte er das Kalb, das sie gemacht hatten, verbrannte es im Feuer und zerstampfte es zu Staub. Den Staub streute er in Wasser und gab es den Israeliten zu trinken.

 **Frage an die Kinder**

Warum will das Volk ein goldenes Kalb gießen? (Ex 32,1)

Die Israeliten waren also von dem einzigen Gott abgefallen – woran erkennt man, wie entsetzt Mose darüber war?

Für die Eltern

Mose bleibt lange auf dem Berg, versunken in das Gespräch mit Gott. Da verliert das Volk die Geduld und sie wollen auch Götter anbeten, wie die Völker rings um sie her. Ihr Gott ist unsichtbar; dem wollen die Israeliten nicht mehr zustimmen. Sie mussten verstehen lernen: Gott wird nur sichtbar an ihrem rechten Tun und ihrer friedvollen Gemeinschaft untereinander. Andere haben prächtige Götterstatuen, aber sie selber dürfen sich kein Bild von Gott machen.

Da Mose so lange nicht kommt, überreden sie den schwächeren Aaron, seinen Bruder, ihnen ein goldenes Kalb, das Bild eines Fruchtbarkeitsgottes, zu gießen; und er lässt sich darauf ein. So schnell haben sie all die Wunder vergessen, durch die sich ihr Gott gezeigt und sie gerettet hatte — angefangen von der Herausführung aus Ägypten, dem Wasser und dem Manna in der Wüste, das sie wunderbarerweise fanden. Im Trinken des Staubes im Wasser sollten sie lernen, dass ihr Machwerk keine Hilfe für sie brachte.

Die Weisung Gottes für sein Volk

Aus dem Alten Testament | Exodus 34,1.27b.28–29

Weiter sprach der Herr zu Mose: Hau dir zwei steinerne Tafeln zurecht wie die ersten! Ich werde darauf die Worte schreiben, die auf den ersten Tafeln standen, die du zerschmettert hast. Denn diesen Worten gemäß schließe ich hiermit einen Bund mit dir und mit Israel. Mose blieb dort beim Herrn vierzig Tage und vierzig Nächte. Er aß kein Brot und trank kein Wasser. Er schrieb auf die Tafeln die Worte des Bundes, die zehn Worte. Als Mose vom Sinai herunterstieg, hatte er die beiden Tafeln des Bundeszeugnisses in der Hand.

 **Frage an die Kinder**

Woran erkennst du, dass Gott seinem Volk die Treue hält trotz seiner Sünde?

Wodurch wird das Volk Israel zum Volk Gottes, welche Hilfe gibt ihnen Gott dafür? Lies in der großen Bibel nach! (Ex 20,1–21)

Die Zehn Gebote

Aus dem Alten Testament | vgl. Exodus 20,2–17

Ich bin der Herr, dein Gott,
der dich aus dem Land Ägypten geführt hat, aus dem Sklavenhaus:

1. Du sollst neben mir keine anderen Götter haben.
2. Du sollst den Namen des Herrn, deines Gottes, nicht missbrauchen.
3. Gedenke des Sabbats: Halte ihn heilig!
4. Ehre deinen Vater und deine Mutter!
5. Du sollst nicht töten.
6. Du sollst nicht die Ehe brechen.
7. Du sollst nicht stehlen.
8. Du sollst nicht falsch gegen deinen Nächsten aussagen.
9. Du sollst nicht die Frau deines Nächsten begehren.
10. Du sollst nicht das Haus deines Nächsten begehren, oder irgendetwas, das deinem Nächsten gehört.

Für die Eltern

Dieses Geschenk, diese Hilfe Gottes für sein Volk, gilt bis heute. Die Zehn Gebote stecken den Rahmen ab, in dem menschliches, gemeinsames Leben überhaupt erst möglich wird. Sie sind der Hintergrund aller demokratischen Verfassungen. Zur damaligen Zeit waren solche Gedanken revolutionär. Es galt ja ausschließlich das Recht des Stärkeren. Die besiegten Nationen wurden zu Sklaven gemacht. Und diese wurden behandelt wie Arbeitstiere, ohne Würde, ohne Rechte, ohne Schutz.

Gott kann seine Weisung nur anbieten – unsere Freiheit ist es, ob wir uns daran halten wollen. Das bedeutet heute, dass wir diese Gebote Gottes in der Gemeinschaft der Kirche als Hilfe annehmen – und so die vielfach verwundete Welt heilen kann.

Tipp: Die Zehn Gebote auswendig lernen

Mose mit den Gesetzestafeln

Gott ruft den jungen Samuel

Aus dem Alten Testament | 1 Samuel 2,18 – 19; 3,1 – 10

Der junge Samuel aber versah den Dienst vor dem Angesicht des Herrn, bekleidet mit dem leinenen Efod. Seine Mutter Hanna machte ihm immer wieder ein kleines Obergewand und brachte es ihm jedes Jahr mit, wenn sie zusammen mit ihrem Mann hinaufzog, um das jährliche Opfer darzubringen. Der junge Samuel versah den Dienst des Herrn unter der Aufsicht Elis. In jenen Tagen waren Worte des Herrn selten; Visionen waren nicht häufig. Eines Tages geschah es: Eli schlief auf seinem Platz; seine Augen waren schwach geworden, und er konnte nicht mehr sehen. Die Lampe Gottes war noch nicht erloschen, und Samuel schlief im Tempel des Herrn, wo die Lade Gottes stand.

Da rief der Herr den Samuel, und Samuel antwortete: Hier bin ich. Dann lief er zu Eli und sagte: Hier bin ich, du hast mich gerufen. Eli erwiderte: Ich habe dich nicht gerufen. Geh wieder schlafen! Da ging er und legte sich wieder schlafen. Der Herr rief noch einmal: Samuel! Samuel stand auf und ging zu Eli und sagte: Hier bin ich, du hast mich gerufen. Eli erwiderte: Ich habe dich nicht gerufen, mein Sohn. Geh wieder schlafen! Samuel kannte den Herrn noch nicht, und das Wort des Herrn war ihm noch nicht offenbart worden. Da rief der Herr den Samuel wieder, zum dritten Mal. Er stand auf und ging zu Eli und sagte: Hier bin ich, du hast mich gerufen.

Da merkte Eli, dass der Herr den Knaben gerufen hatte. Eli sagte zu Samuel: Geh, leg dich schlafen! Wenn er dich ruft, dann antworte: Rede, Herr; denn dein Diener hört. Samuel ging und legte sich an seinem Platz nieder. **Da kam der Herr, trat heran und rief wie die vorigen Male: Samuel, Samuel! Und Samuel antwortete: Rede, denn dein Diener hört.**

 Frage an die Kinder

Was meint Samuel zuerst, wer ihn ruft?

Was bedeutet es wohl noch: „Die Lampe Gottes war noch nicht erloschen"?

Für die Eltern

Wieder sind Generationen vergangen. Schon im Land Kanaan angekommen, wird folgende Geschichte erzählt: Samuels Mutter Hanna erbittet vom Herrn ein Kind und verspricht ihm gleichzeitig, es für den Tempeldienst nach Schilo zum Priester Eli zu bringen. Und dieses Versprechen löst sie auch ein, weil sie eine gläubige Israelitin ist.

Schon als Kind erfährt Samuel nun seine Berufung, weil er die Glaubensarmut in Israel erkennt. Wer die Not sieht, ist berufen, sie zu wenden. Gott ruft den Samuel, auch wenn er noch ganz jung ist. Er sieht nämlich, wie die Söhne des Priesters Eli viel Unrecht tun.

Und von Eli selber heißt es: Seine Augen waren schwach geworden, und er konnte nicht mehr sehen, das bedeutet, er konnte Israel nicht mehr den rechten Weg weisen.

Es ist deshalb not-wendend, dass Gott wenigstens Einen findet in Israel, der die Wahrheit sieht und ausspricht.

Gott spricht zu Samuel

Der Prophet Samuel salbt David

Aus dem Alten Testament | 1 Samuel 16,1b.6 – 7.10 – 13a

In jenen Tagen sprach der Herr zu Samuel: Fülle dein Horn mit Öl und mach dich auf den Weg! Ich schicke dich zu dem Betlehemiter Isai; denn ich habe mir einen von seinen Söhnen als König ausersehen. Als Samuel den Eliab sah, den ältesten Sohn, dachte er: Gewiss steht nun vor dem Herrn sein Gesalbter.

Der Herr aber sagte zu Samuel: Sieh nicht auf sein Aussehen und seine stattliche Gestalt, denn ich habe ihn verworfen; Gott sieht nämlich nicht auf das, worauf der Mensch sieht. Der Mensch sieht, was vor den Augen ist, der Herr aber sieht das Herz. So ließ Isai sieben seiner Söhne vor Samuel treten, aber Samuel sagte zu Isai: Diese hat der Herr nicht erwählt. Und er fragte Isai: Sind das alle jungen Männer? Er antwortete: Der jüngste fehlt noch, aber der hütet gerade die Schafe.

Samuel sagte zu Isai: Schick jemand hin und lass ihn holen; wir wollen uns nicht zum Mahl hinsetzen, bevor er hergekommen ist. Isai schickte also jemand hin und ließ ihn kommen. David war rötlich, hatte schöne Augen und eine schöne Gestalt. Da sagte der Herr: Auf, salbe ihn! Denn er ist es. **Samuel nahm das Horn mit dem Öl und salbte David mitten unter seinen Brüdern. Und der Geist des Herrn war über David von diesem Tag an.**

 **Frage an die Kinder**

Wie wählt Gott den künftigen König für Israel aus? Was mag es heißen: Der Herr sieht auf das Herz?

Für die Eltern

Samuel ist ein Prophet geworden, einer, der Gottes Stimme für seine Zeit versteht und danach handelt. So erkennt er: David als der Jüngste mitten unter seinen Brüdern ist der Berufene; er salbt ihn zum König — es soll noch geheim bleiben, deshalb nur im Kreis seiner Familie. Schon in jungen Jahren erlebt David die Lästerungen des Goliath gegen Israel und tritt ihm mutig entgegen als Hirtenjunge mit einer Steinschleuder (1 Sam 17,1 – 58) und rettet so Israel.

Saul, der vor David König in Israel ist, hört nicht mehr auf den Herrn und seine Weisung vom Sinai her. Die Erfahrung der helfenden Hand Gottes in der Wüste hat er vergessen. Saul denkt natürlich an seinen Sohn Jonathan als Nachfolger. Aber Jonathan befreundet sich mit David und erkennt an, dass David der begabtere König sein wird.

Samuel salbt den jungen David zum König →

Jesus beruft die ersten Jünger

Neues Testament | Aus dem Evangelium nach Markus 1,16—20

Als Jesus am See von Galiläa entlangging, sah er Simon und Andreas, den Bruder des Simon, die auf dem See ihre Netze auswarfen; sie waren nämlich Fischer. **Da sagte er zu ihnen: Kommt her, mir nach! Ich werde euch zu Menschenfischern machen.** Und sogleich ließen sie ihre Netze liegen und folgten ihm nach.

Als er ein Stück weiterging, sah er Jakobus, den Sohn des Zebedäus, und seinen Bruder Johannes; sie waren im Boot und richteten ihre Netze her. Sogleich rief er sie und sie ließen ihren Vater Zebedäus mit seinen Tagelöhnern im Boot zurück und folgten Jesus nach.

Frage an die Kinder

Wo findet Jesus die ersten Jünger? Was sind sie von Beruf?

Was sagt er zu ihnen? (Mk 1,17) Was bedeutet „Menschenfischer"?

Was kannst du auf dem Bild aus den Gesichtern der Fischer ablesen?

Kennst du die Namen der zwölf Apostel? Finde sie bei Matthäus 10,2—4 und lerne sie auswendig!

Für die Eltern

Jahrhunderte sind vergangen. In Israel ist die Erfahrung des einen Gottes als helfender, zugewandter Gott für die Welt gewachsen und gereift. Auf vielen Seiten erzählt die Bibel diesen langen Weg weiter. Was dann geschah, beschreibt diese heilige Schrift so: „Als die Zeit erfüllt war!" Nun können die Kinder das Leben und Auftreten Jesu kennenlernen.

Die Berufung der ersten Jünger durch Jesus zeigt: Jeder kann verstehen, was Gott sagt, die einfachen Fischer durch ihre praktische Nachfolge vielleicht sogar manchmal besser als die Schriftgelehrten. Als Jesus auf Erden lebte, war er auch ein Mensch wie wir. Nur im gläubigen Hinhören und im Vertrauen auf seine Hilfe und im Wissen, was Gott in den vielen Jahrhunderten vorher an Israel getan hatte, war er als der Messias, als der Gesalbte Gottes, zu erfahren.

Die Sache Jesu eilt, die Welt wartet auf Hilfe; deshalb die Worte „sogleich" und „sofort". Wie im Rückblick auf das Wesentliche schildern diese sehr kurz erzählten Nachfolgegeschichten, wie sich das Leben durch die Berufung änderte.

Am See Genesareth

Liebe Eltern und Begleiter der Kinder,

am Ende von jedem Kapitel wollen wir Ihnen einige Anregungen geben, wie Sie den Kindern helfen können, in die Kirche als Raum auch ihres Lebens und Glaubens hineinzuwachsen. Sie werden sicher dort, wo Sie wohnen, selber noch andere Möglichkeiten finden.

Anregungen aus der Praxis ...

Gott sammelt sich ein Volk – Berufungen

- Die Geschichte des eigenen Namenspatrons ist für ihr Kind besonders interessant, weil es sich damit persönlich identifiziert. Der Name, mit dem es gerufen wird, ist ihm wichtig. **Machen Sie Ihr Kind mit dem Leben und der Bedeutung seines Namenspatrons bekannt,** auch mit dem Heiligen, dessen Namen Sie tragen. In größeren Städten gibt es – oft in der Gegend der Domkirche – gute Buchhandlungen dafür; auch im Internet unter „Heiligenlexikon" kann man suchen.

- **Die Heiligen haben ihr „Zuhause" in den Kirchen, die nach ihnen benannt sind.** Man kann dort oft wunderschöne Figuren von ihnen finden oder riesengroße Fresken, die ihre Geschichte in Bildern erzählen. Dazu gibt es auch für Kinder geeignete Führungen. Das sind starke Anregungen, auch selber einmal ein Bild vom eigenen Namenspatron zu malen.

- Vielleicht gibt es in Ihrer Umgebung eine Kirche, die den Namen Ihres Kindes trägt. **Erforschen Sie mit dem Kind, welchen Namen Ihre eigene Pfarrkirche hat.** Alle Heiligengeschichten erzählen von Berufung und Sammlung. Oft lebten diese Personen in einer Verfolgungszeit für das Christentum. Und doch konnten sie mit der Hilfe Gottes viel bewirken für die Ausbreitung des Glaubens.

- Und wenn Sie in einer Kirche sind: **Eine Turmbesteigung oder ein Gang zur Orgel sind immer ein schönes Erlebnis.** Diese kleinen Unternehmungen sollen keine pädagogischen Übungen sein, sondern sie sollen etwas erschließen, was vom Kopf ins Herz kommen kann – überraschend, ermutigend, für Eltern und Kinder gleichermaßen.

Eine Zeitreise zu den Anfängen des Glaubens

Der Gute Hirte

Der Herr ist mein Hirt

Aus dem Alten Testament | Psalm 23 — ein Psalm Davids, oft gebetet bei der Wallfahrt nach Jerusalem

Der Herr ist mein Hirt,
nichts wird mir fehlen.
Er lässt mich lagern auf grünen Auen
und führt mich zum Ruheplatz am Wasser.
Meine Lebenskraft bringt er zurück.
Er führt mich auf Pfaden der Gerechtigkeit,
getreu seinem Namen.
Auch wenn ich gehe im finsteren Tal,
ich fürchte kein Unheil;
denn du bist bei mir,
dein Stock und dein Stab, sie trösten mich.
Du deckst mir den Tisch
vor den Augen meiner Feinde.
Du hast mein Haupt mit Öl gesalbt, übervoll ist mein Becher.
Ja, Güte und Huld werden mir folgen mein Leben lang,
und heimkehren werde ich ins Haus des Herrn für lange Zeiten.

 **Frage an die Kinder**

Lies den Psalm nochmals nach, es ist ein altes Gebet aus Israel. Wer ist der Gute Hirte?

Ist seine Herde klein geblieben? Ist sie gewachsen?

Für die Eltern

Die Personen, die mit Jesus gingen oder die ihn hörten und seinen Worten Glauben schenkten, waren zunächst alle Juden. Sie beteten die Gebete ihres Volkes, so z. B. die Psalmen, die auch in der Kirche bis heute gebetet werden. In ihnen ist Gott anders „mächtig", als wir dieses Wort verstehen. Meist spricht man von „Herrschern" und „Unterdrückten". Aber dieser Herr ist wie ein Hirte, der Tag und Nacht und in Gefahr für seine Schafe sorgt, d. h. Gott liebt sein Volk, er birgt es in seiner Hand. Er verzeiht ihm auch viele Male sein unrechtes Tun, seinen Abfall zu fremden Göttern.

„Damit ist klar: Psalm 23 redet nicht nur von einer individuellen Führungsgeschichte. Es geht auch um das Geleit, das vorher schon ganz Israel durch Gott erfahren hatte. Die Führung zu Ruheplätzen am Wasser zum Beispiel spielt auf die Wüstengeschichten an: Gott hat sein Volk mit Wasser aus dem Felsen getränkt und ihm Manna zu essen gegeben … Das Öl auf dem Haupt des Eingeladenen und der Wein in seinem Becher stehen für den Reichtum des Gelobten Landes: für das Öl der Olivenbäume und die Kostbarkeit seiner Reben" (Gerhard Lohfink).

Und Jesus übernimmt diese Hirtensorge für Israel von seinem himmlischen Vater. Im Bild des Hirten wird auch die Sorge um den Schwächeren deutlich. Bis heute verwendet das Volk Gottes, die Kirche, den Namen „Hirte" für den Pfarrer (lat.: Pastor), für den Bischof, für den Papst in Rom.

Tipp: Psalm 23 auswendig lernen

← Der Gute Hirte

Jesus sammelt das Gottesvolk neu

Neues Testament | Aus dem Evangelium nach Lukas 15,3–7

Da erzählte Jesus ihnen dieses Gleichnis und sagte: Wenn einer von euch hundert Schafe hat und eins davon verliert, lässt er dann nicht die neunundneunzig in der Wüste zurück und geht dem verlorenen nach, bis er es findet? Und wenn er es gefunden hat, nimmt er es voll Freude auf die Schultern, und wenn er nach Hause kommt, ruft er die Freunde und Nachbarn zusammen und sagt zu ihnen: **Freut euch mit mir; ich habe mein Schaf wiedergefunden, das verloren war!** Ich sage euch: Ebenso wird im Himmel mehr Freude herrschen über einen einzigen Sünder, der umkehrt, als über neunundneunzig Gerechte, die keine Umkehr nötig haben.

Jesus segnet die Kinder

Neues Testament | Aus dem Evangelium nach Markus 10,13–16

Da brachte man Kinder zu ihm, damit er sie berühre. Die Jünger aber wiesen die Leute zurecht. Als Jesus das sah, wurde er unwillig und sagte zu ihnen: Lasst die Kinder zu mir kommen; hindert sie nicht daran! Denn solchen wie ihnen gehört das Reich Gottes. Amen, ich sage euch: **Wer das Reich Gottes nicht so annimmt wie ein Kind, der wird nicht hineinkommen.** Und er nahm die Kinder in seine Arme; dann legte er ihnen die Hände auf und segnete sie.

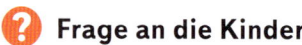 **Frage an die Kinder**

Von wem erzählt Jesus diese Geschichte?

Woher wusste Jesus, wozu Gott ihn rufen will? Schlage nach! (Ez 34,11–16) (Mt 4,23–25)

Für die Eltern

Keiner soll verloren gehen, das ist wie der Herzenswunsch Gottes. Jesus übernimmt dieses Anliegen für sich. Da er „die Schrift", d. h. das Alte Testament, gut kennt, findet er beim Propheten Ezechiel, dass Gott für sein Volk sorgt, wie ein Hirte für seine Herde. Und das tut auch Jesus zu seiner Zeit der Glaubensarmut in Israel. Die Römer waren ja die Besatzungsmacht im Land. Sie wollten, dass ihr Kaiser als Gott angebetet wird.

Menschen in dieser Liebe Gottes zu sammeln ist mühsam. Die Jünger waren wohl schon erschöpft, als Eltern mit ihren Kindern kamen. Da machte Jesus die Kinder zu einem Bild des Glaubens: Sie finden Vertrauen bei Jesus, sie haben recht, Hilfe selbstverständlich zu erwarten, sie stellen nicht in Frage, geliebt zu sein.

Die Zehn Gebote helfen, den Weg nicht zu verlieren. Der Kirche anzugehören, ist wie eine gemeinsame Wanderung mithilfe solcher Wegweiser. Ja, wir können einander auch gute Hirten sein. Dieses Lebensprinzip der Kirche können auch Kinder schon erahnen, vor allem, wenn sie selber Eltern, Paten und andere wie gute Hirten erfahren.

Jesus spricht zum Volk Israel

Jesus heilt einen Gelähmten

Neues Testament | Aus dem Evangelium nach Lukas 5,17–26

Und es geschah eines Tages, als Jesus lehrte, saßen Pharisäer und Gesetzeslehrer dabei; sie waren aus allen Dörfern Galiläas und Judäas und aus Jerusalem gekommen. Und die Kraft des Herrn war mit ihm, sodass er heilen konnte. Und siehe, Männer brachten auf seinem Bett einen Menschen, der gelähmt war. Sie wollten ihn ins Haus bringen und vor Jesus hinlegen. Weil es ihnen aber wegen der Volksmenge nicht möglich war, ihn hineinzubringen, stiegen sie aufs Dach und ließen ihn durch die Ziegel auf dem Bett hinunter in die Mitte vor Jesus hin. Als er ihren Glauben sah, sagte er: Mensch, deine Sünden sind dir vergeben.

Und die Schriftgelehrten und die Pharisäer fingen an zu überlegen: Wer ist dieser, der Lästerungen ausspricht? Wer kann Sünden vergeben außer Gott allein? Jesus aber erkannte ihre Gedanken und erwiderte ihnen: Was überlegt ihr in euren Herzen? **Was ist leichter, zu sagen: Deine Sünden sind dir vergeben! oder zu sagen: Steh auf und geh umher?**

Damit ihr aber erkennt, dass der Menschensohn die Vollmacht hat, auf der Erde Sünden zu vergeben – sprach er zu dem Gelähmten: Ich sage dir: Steh auf, nimm dein Bett und geh in dein Haus! Und sogleich stand er vor ihren Augen auf, nahm das Bett, auf dem er gelegen hatte, und ging Gott preisend in sein Haus. Da gerieten alle außer sich; sie priesen Gott und sagten voller Furcht: **Heute haben wir Unglaubliches gesehen.**

Der Geheilte freut sich und lobt Gott →

❓ Frage an die Kinder

Jesus hat Wunderbares getan. Die Juden staunten darüber. Jesus wollte ja, dass sie vertrauen und glauben, dass er Gottes Bote ist. An welchen Taten und Worten Jesu konnten gläubige Juden erkennen, dass Gott ihn gesandt hat, um Israel zu hüten und zu heilen wie ein guter Hirte?

Für die Eltern

Lukas schildert sehr farbig, wie Jesus umdrängt wird, viele wollten ihn hören. Aus allen Dörfern, sogar aus Jerusalem kamen sie, auch Schriftgelehrte und andere aus der Glaubensgruppe der Pharisäer. Und wir wissen, dass aus der Obrigkeit manche kamen, die hören wollten, ob er das Rechte lehrt nach dem Glauben der Väter.

Das Wunder ist schon der Glaube der Freunde eines Gelähmten. Israel war gewohnt, nach Ursachen zu fragen, auch wenn einer krank war: Wer ist schuld? – Und der Kranke hofft mit seinen Helfern: Jesus kann helfen. Sie sind gläubige Juden. Jesus wusste: Auch die Gewalt der Sünde kann Menschen niederdrücken. Er spricht ihm die Vergebung Gottes zu.

Schon kommen Gegenstimmen. Darf ein Mensch so etwas sagen? In dem Moment wird auch die Krankheit geheilt: Die Frager verstummen, der an Leib und Seele Geheilte aber geht heim — „Gott lobend und preisend". Sein Leben hat eine neue Perspektive gefunden.

Eine Kirche, in der ein Bischof seinen Sitz hat, nennt man Dom. Der Bischof ist wie ein Hirte für ein großes Gebiet, für die Getauften aus vielen Kirchen rundherum.

Wer erinnert uns heute an „Hirten"?

Unsere Eltern, Paten und Lehrer sind wie Hirten für uns. In der Kirche sind Priester und Bischöfe wie Hirten. Die Kirche hat auch einen ‚Oberhirten', wir nennen ihn Papst, manche sagen ‚unser Heiliger Vater'. Der erste Oberhirte im Dienst von Jesus war sein Apostel Petrus.

„So soll jeder Bischof und jeder Priester kraft der Weihe und Sendung ein Stellvertreter Jesu Christi sein. Das ist ihr Auftrag: Das Wort Gottes auf menschliche Weise hörbar zu machen und die Gnade sichtbar in den Sakramenten zu vermitteln!"

So sagte es einmal ein Bischof, er heißt Gerhard L. Müller, in einer Predigt in seiner Domkirche.

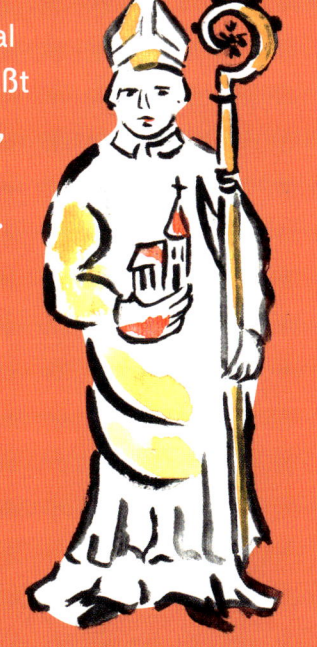

← Regensburg mit Dom, Faltkarte

Papst Benedikt XVI.

Als Benedikt XVI. Papst wurde, also Oberhirte der Kirche, sagte er:

„... Die Kirche als Ganze und die Hirten in ihr müssen wie Christus sich auf den Weg machen, um die Menschen aus der Wüste herauszuführen zu den Orten des Lebens ...

‚Weide meine Schafe', sagt Christus zu Petrus, sagt er nun zu mir ... Betet für mich, dass ich den Herrn immer mehr lieben lerne. Betet für mich, dass ich seine Herde – euch, die heilige Kirche, jeden Einzelnen und alle zusammen immer mehr lieben lerne.

Betet für mich, dass ich nicht furchtsam vor den Wölfen fliehe. Beten wir füreinander, dass der Herr uns trägt und dass wir durch ihn einander zu tragen lernen."

Aus der Predigt von Papst Benedikt XVI. bei seiner Amtseinführung in Rom am Sonntag, dem 24. April 2005.

„Seid Hüter der Gaben Gottes!"

Als Papst Franziskus Oberhirte der Kirche wurde, sagte er zu uns:

„Ich danke dem Herrn, dass ich diese hl. Messe zum feierlichen Beginn meines Petrusdienstes am Hochfest des hl. Josef feiern kann ... Wie lebt Josef seine Berufung als Hüter von Maria, Jesus und der Kirche? In der ständigen Aufmerksamkeit gegenüber Gott, offen für dessen Zeichen, verfügbar für dessen Plan, dem er den eigenen unterordnet. ...

Und Josef ist ‚Hüter', weil er auf Gott zu hören versteht, sich von seinem Willen leiten lässt. Und gerade deshalb ist er noch einfühlsamer für die ihm anvertrauten Menschen, weiß mit Realismus die Ereignisse zu deuten, ist aufmerksam auf seine Umgebung...

An ihm sehen wir, liebe Freunde, wie man auf den Ruf Gottes antwortet: verfügbar und unverzüglich; aber wir sehen auch, welches die Mitte der christlichen Berufung ist: Christus! Hüten wir Christus in unserem Leben, um die anderen zu behüten, um die Schöpfung zu bewahren!

Die Berufung zum Hüten geht jedoch nicht nur uns Christen an; sie hat eine Dimension, die vorausgeht und die einfach menschlich ist, die alle betrifft. Sie besteht darin, die gesamte Schöpfung, die Schönheit der Schöpfung zu bewahren, wie uns im Buch Genesis gesagt wird und wie es uns der heilige Franziskus von Assisi gezeigt hat: Sie besteht darin, Achtung zu haben vor jedem Geschöpf Gottes und vor der Umwelt, in der wir leben. Die Menschen zu hüten, sich um alle zu kümmern, um jeden Einzelnen, mit Liebe, besonders um die Kinder, die alten Menschen, um die, welche schwächer sind und oft in unserem Herzen an den Rand gedrängt werden.

Sie besteht darin, in der Familie aufeinander zu achten: Die Eheleute behüten sich gegenseitig, als Eltern kümmern sie sich dann um die Kinder, und mit der Zeit werden auch die Kinder zu Hütern ihrer Eltern. ... Im Grunde ist alles der Obhut des Menschen anvertraut, und das ist eine Verantwortung, die alle betrifft. Seid Hüter der Gaben Gottes!"

❓ Frage an die Kinder

Kennst du in deiner Umgebung Hirten der Kirche?

Hast du schon einmal, vielleicht auf einem Bild, einen Bischof oder Papst gesehen?

Papst Franziskus

Aus der Predigt von Papst Franziskus bei seiner Amtseinführung am 19. März 2013 in Rom in einem festlichen Gottesdienst am Petersplatz. Dabei erhielt der Heilige Vater den Fischerring als Zeichen des Petrusdienstes.

Gebet für die Kommunionkinder

Guter Gott,

zu allen Zeiten – seit 4000 Jahren schon –

hast du Menschen zu deinem Volk berufen.

Von Anfang an waren auch die Kinder dabei.

So wie der junge Samuel, dem du seine Eltern

und den Gottesdiener Eli wie Hirten zur Seite gestellt hast,

sodass er herausfinden konnte, was du mit ihm vorhast.

Auch uns hast du einen starken Helfer gegeben,

Jesus, deinen Sohn,

dem wir mutig und freudig nachfolgen dürfen,

wie die ersten Jünger,

und der uns wie ein Freund begleitet.

Er hilft uns, dass wir den rechten Weg gehen können.

Gib uns ein hörendes, fröhliches Herz

und sichtbare Hirten, die uns vorangehen.

Das erbitten wir durch Christus, unseren Herrn.

Amen.

Christl Keller

Ein Hirte →

Die Bitten des Vaterunser
Die Hand aus dem Himmel erinnert uns an Gott, „unseren Vater".

Das Vaterunser

Neues Testament | Nach Matthäus 6,9 – 13

Die Jünger Jesu wollten einmal wissen, wie Jesus betet, denn sie wollten beten wie er. „Jünger", das ist so etwas wie „Schüler"; Jesus hat sie einmal seine Freunde genannt. Dann lehrte er sie dieses Gebet:

**Vater unser im Himmel,
geheiligt werde dein Name, dein Reich komme,
dein Wille geschehe, wie im Himmel so auf Erden.
Unser tägliches Brot gib uns heute,
und vergib uns unsere Schuld
wie auch wir vergeben unseren Schuldigern.
Führe uns nicht in Versuchung,
sondern erlöse uns von dem Bösen,
denn dein ist das Reich und die Kraft und die Herrlichkeit
in Ewigkeit. Amen.**

Für die Eltern

Dieses Gebet lehrte Jesus seine Jünger. Die Menschen in Israel wussten: Geheiligt wird Gottes Name, wenn wir im Glauben als Brüder und Schwestern Gerechtigkeit tun. Die ersten drei Bitten schicken wir zu Gott, damit er uns bereitet, seine Mitarbeiter zu sein hier auf der Erde. Wenn wir seinen Willen tun, seine Gebote halten, für Frieden und Gerechtigkeit sorgen, dann wird etwas von „seinem Reich" sichtbar. „Geheiligt werde dein Name" bedeutet, mit unserem Leben Gott die Ehre geben. Es bedeutet auch, dass wir in der Kirche untereinander verflochten sind, um für Frieden und Gerechtigkeit zu wirken.

Die Anrede im Gebet heißt: „Vater unser!" In der Familie können wir davon ausgehen, dass uns das tägliche Brot gegeben wird. Und so dürfen auch die Jünger beten: „Unser tägliches Brot gib uns heute!" An verschiedenen Orten im Land wurden sie von Freunden der Lehre Jesu aufgenommen, mit Essen versorgt und beherbergt. Die Liebe des Vaters im Himmel spiegelt sich in der Solidarität seines Volkes, seiner Gemeinden auf der Erde. Durch diese Hilfe Vieler bleibt Jesus und den Aposteln Zeit und Kraft für die Verkündigung.

Die weiteren Bitten des Vaterunser sind uns sehr nahe und verständlich und notwendig. Hier brauchen wir besonders die Hilfe des Vaters und der Brüder und Schwestern.

Tipp: Das Vaterunser auswendig lernen

(Für Erwachsene sehr zu empfehlen ist das kleine Büchlein von Gerhard Lohfink: „Das Vaterunser neu ausgelegt", Verlag Katholisches Bibelwerk, Stuttgart 2012.)

Anregungen aus der Praxis …

Der Gute Hirte

- Vom guten Hirten zu erzählen ist eindrücklich, eine **Schafherde mit ihrem Hirten** zu erleben eine wunderbare Veranschaulichung dazu. **Man kann sie noch antreffen und sie sind einen Familienausflug wert.** Der Schäfer erzählt Ihnen gerne von seinen Aufgaben, seinen täglichen Arbeiten. Die Texte vom guten Hirten sind wirklich erfahrbar, wenn man das Zusammenspiel von Schafherde, Hütehund und Hirte erlebt. „Meine Schafe hören auf meine Stimme; ich kenne sie und sie folgen mir" (Joh 10, 27).

- Zu den Bildern und Erzählungen vom guten Hirten möchten wir Ihnen auch einen **Besuch in der Bischofsstadt Ihrer Diözese** vorschlagen. Im Internet oder auch telefonisch im Sekretariat der Dompfarrei können Sie erfahren, wann der Bischof selbst einen Gottesdienst feiert.

- **Jeder Bischof hat einen Hirtenstab.** Auch ein **Bischofswappen** mit verschiedenen Zeichen hat er, das aus der Bistumsgeschichte erzählt. Und ein vom Bischof ausgesuchter biblischer Wahlspruch steht in diesem Wappen. Es schmückt meist auch den Briefkopf des Bischofs.

    Bei einer **Domführung** ist vielleicht zu erfragen: Wo wohnt der Bischof, was sind seine Aufgaben, wo ist sein Wappen zu sehen? Was bedeuten die Zeichen darin?

    Wenn Sie sich an die **Wahl eines neuen Papstes** erinnern, können Sie den Kindern davon erzählen; vielleicht finden Sie noch Fotos davon, Fotos von der Peterskirche in Rom …

Die ersten Sakramente

Zum Sakrament der Taufe

Die Taufe Jesu

Neues Testament | Aus dem Evangelium nach Matthäus 3,1—2a.4—6.13—17

In jenen Tagen trat Johannes der Täufer auf und verkündete in der Wüste von Judäa: Kehrt um! Denn das Himmelreich ist nahe. Johannes trug ein Gewand aus Kamelhaaren und einen ledernen Gürtel um seine Hüften; Heuschrecken und wilder Honig waren seine Nahrung. Die Leute von Jerusalem und ganz Judäa und aus der ganzen Jordangegend zogen zu ihm hinaus; sie bekannten ihre Sünden und ließen sich im Jordan von ihm taufen.

Zu dieser Zeit kam Jesus von Galiläa an den Jordan zu Johannes, um sich von ihm taufen zu lassen. Johannes aber wollte es nicht zulassen und sagte zu ihm: Ich müsste von dir getauft werden, und du kommst zu mir? Jesus antwortete ihm: Lass es nur zu! Denn so können wir die Gerechtigkeit ganz erfüllen. Da gab Johannes nach.

Als Jesus getauft war, stieg er sogleich aus dem Wasser herauf. Und siehe, da öffnete sich der Himmel, und er sah den Geist Gottes wie eine Taube auf sich herabkommen. **Und siehe, eine Stimme aus dem Himmel sprach: Dieser ist mein geliebter Sohn, an dem ich Wohlgefallen gefunden habe.**

❓ Frage an die Kinder

Was Jesus als Kind und Jugendlichen interessiert hat, davon wissen wir nichts.
Was mag Gott meinen, wenn geschrieben steht: Er ist mein geliebter Sohn, ich habe Gefallen an ihm gefunden?

Für die Eltern

Alle vier Evangelisten berichten in der Bibel von der Taufe Jesu. Matthäus schildert sogar, dass Johannes sich weigert, ihn zu taufen, sieht er doch in ihm den Bedeutenderen. Was wollte Johannes? Die Gerechtigkeit Gottes zu leben — das scheitert immer wieder: in Israel, in der Kirche, unter uns. Es erfordert einen Neuanfang. Johannes sucht ihn für Israel! Jesus will sich dem anschließen, sich auch taufen lassen.

In Jesus aber wird diese Botschaft deutlicher: Nicht wir müssen umkehren, damit Gott mit uns ist. Er ist schon mit uns. Und die Freude darüber verändert das Leben, sie führt uns zusammen, als wären wir ein einziger Leib — so empfanden sich die frühen Gemeinden. In diesen Leib, in diese Geschichte sind wir durch die Taufe eingefügt.

Johannes tauft Jesus im Jordan →

Der Apostel Philippus tauft den Äthiopier

Neues Testament | Aus der Apostelgeschichte 8,26–40

Ein Engel des Herrn sagte zu Philippus: Steh auf und geh nach Süden auf der Straße, die von Jerusalem nach Gaza hinabführt! Sie führt durch eine einsame Gegend. Und er stand auf und ging. Und siehe, da war ein Äthiopier, ein Kämmerer, Hofbeamter der Kandake, der Königin der Äthiopier, der über ihrer ganzen Schatzkammer stand. Dieser war gekommen, um in Jerusalem anzubeten, und fuhr jetzt heimwärts. Er saß auf seinem Wagen und las den Propheten Jesaja.

Und der Geist sagte zu Philippus: Geh und folge diesem Wagen! Philippus lief hin und hörte ihn den Propheten Jesaja lesen. Da sagte er: Verstehst du auch, was du liest? Jener antwortete: Wie könnte ich es, wenn mich niemand anleitet? Und er bat den Philippus, einzusteigen und neben ihm Platz zu nehmen. Der Abschnitt der Schrift, den er las, lautete: „Wie ein Schaf wurde er zum Schlachten geführt; und wie ein Lamm, das verstummt, wenn man es schert, so tat er seinen Mund nicht auf. In der Erniedrigung wurde seine Verurteilung aufgehoben. Seine Nachkommen, wer wird von ihnen berichten? Denn sein Leben wurde von der Erde fortgenommen."

Der Kämmerer wandte sich an Philippus und sagte: Ich bitte dich, von wem sagt der Prophet das? Von sich selbst oder von einem anderen? Da tat Philippus seinen Mund auf und ausgehend von diesem Schriftwort verkündete er ihm das Evangelium von Jesus. Als sie nun weiterzogen, kamen sie zu einer Wasserstelle.

Da sagte der Kämmerer: Hier ist Wasser. Was steht meiner Taufe noch im Weg?

Er ließ den Wagen halten, und beide, Philippus und der Kämmerer, stiegen in das Wasser hinab, und er taufte ihn. Als sie aber aus dem Wasser stiegen, entrückte der Geist des Herrn den Philippus. Der Kämmerer sah ihn nicht mehr, und er zog voll Freude auf seinem Weg weiter. Den Philippus aber sah man in Aschdod wieder. Und er wanderte durch alle Städte und verkündete das Evangelium, bis er nach Cäsarea kam.

← Ein Äthiopier empfängt die Taufe

Frage an die Kinder

Woran erkennst du, dass der Mann aus Äthiopien mehr über Gott wissen will?

Was taten die Apostel nach der Auferstehung Jesu?

Für die Eltern

In der Apostelgeschichte wird von vielen Taufen erzählt. Die Taufe des Äthiopiers durch den Apostel Philippus ist ein schönes Beispiel für die Missionierungsarbeit der Apostel nach Pfingsten unter Mithilfe des Heiligen Geistes. Der Auftrag Jesu lautete: „Darum geht und macht alle Völker zu meinen Jüngern; tauft sie auf den Namen des Vaters und des Sohnes und des Heiligen Geistes und lehrt sie, alles zu befolgen, was ich euch geboten habe" (Mt 28,19–20a).

Man spürt an dieser Erzählung, dass der Hofbeamte sich schon länger für den Glauben Israels interessiert hat; er las die Bücher der Propheten. Philippus hat ihm von Jesus erzählt. So brauchte er keinen weiteren Taufunterricht — nur die Sehnsucht, getauft zu werden, war wichtig.

Für die Eltern

Das Sakrament der Taufe

Ein Sakrament (es steckt das Wort sakral = heilig darin) ist eine Gabe, eine Gnade, eingesetzt von Christus. Es hat immer auch äußere Zeichen und braucht, um wirken zu können, zugleich die Bereitschaft des Menschen, der es empfängt, und um ihn herum die Gemeinschaft der Kirche. Wenn ein kleines Kind getauft wird, spricht der Pate stellvertretend als Glied der Kirche. Sobald der Getaufte größer ist, z. B. im Erstkommunionalter, übernimmt er selber Schritt für Schritt die Verantwortung, ein „gottgehöriges" Leben zu führen. Heilig bedeutet nämlich: Gott gehörig. Für uns heißt das: das zu tun, was Gott gefällt; ein Kind Gottes sein (auch die Erwachsenen sind Kinder Gottes).

Durch die Taufe wird die „Erbsünde abgewaschen", d. h. das getaufte Kind ist aus dem Unheilszusammenhang herausgenommen, der durch die Generationen immer wieder zu Unheil und Unfrieden geführt hat und führt. Denken wir nur an die Zeit des Nationalsozialismus in Deutschland.

In der Sicherheit des Glaubens, die uns in der Taufe zugesprochen wird, wird jeder frei zu einem neuen Anfang für sein Leben. Die Taufe, die Gemeinschaft der Kirche sind dafür wirksame Hilfe des Erbarmens Gottes: In jeder Generation ist ein Neuanfang möglich; das ist ein Segen für das Kind und alle Mitfeiernden.

Der Ritus beginnt mit dem Empfang der Kinder durch den Priester, bei dem die Eltern und die Paten um die Taufe bitten. Und die Kirche erklärt sich zur Taufspendung bereit. Vor der eigentlichen Tauffeier wird oft ein Wortgottesdienst gefeiert, der den Sinn hat, den Glauben der Eltern, der Paten und der ganzen Gemeinde zu stärken und die Frucht des Sakramentes gemeinsam zu erflehen.

Die sechs äußeren Zeichen, die zu diesem Sakrament gehören, sind:

1. das Kreuzzeichen,

2. das Katechumenenöl,

3. das Taufwasser,

4. das Chrisamöl,

5. das weiße Kleid,

6. die Taufkerze.

Zur Taufe (zusammengestellt und teilweise frei formuliert nach Versen aus dem Katechismus der Katholischen Kirche, im Folgenden abgekürzt KKK):

Die Vorzeichen der Taufe im Alten Bund
(siehe auch KKK Nr. 1218 – 1222)

Das Wasser ist seit Anfang der Welt sehr wichtig, es ist die Quelle des Lebens und der Fruchtbarkeit. Alle Lebewesen brauchen Wasser. Ohne den Regen können die Pflanzen, die von den Tieren und Menschen als Nahrung gebraucht werden, nicht wachsen. Außerdem brauchen wir das Trinkwasser zum Leben. Deshalb heißt es in dem biblischen Hymnus über die Erschaffung der Welt, dass da schon Gottes Geist über dem Wasser schwebte (Gen 1,2).

Selbst die Sintflut war ein Zeichen der Taufe, denn das Wasser brachte den Untergang der Sünde und neues Leben konnte beginnen. In einem schönen, ganz lebendigen Bild wird erzählt, dass die Familie des Noah Gott dienen wollte. Und so wurde sie in der Arche gerettet. Der Regenbogen war das Zeichen des Bundes zwischen Gott und Noah.

Die Taufzeichen

Durch das Sakrament der Taufe wird der Täufling aufgenommen in das große Volk Gottes, das schon in Israel begonnen hat und dem nun auch Gläubige anderer Völker hinzugezählt sind, auch wir. Wir gehören durch die Taufe zur Heilsgeschichte seit Abraham und haben Gemeinschaft mit Christus, so wie die Apostel zu seinen Lebzeiten mit ihm zusammen waren. In der Allerheiligen-Litanei hören wir viele Namen aus dieser Geschichte, in die der Täufling aufgenommen wird — er bekommt auch den Namen eines Heiligen. Die sechs äußeren Zeichen, die zu diesem Sakrament gehören, sind:

1. Das Kreuzzeichen

Am Anfang macht der Priester dem Kind ein Kreuzzeichen auf die Stirn. Das heißt, das Kind bekommt Gottes Siegel. Denn Gottes Liebe wurde für uns besiegelt, als Jesus am Kreuz sein Leben für uns hingab.

Jeder, der Christus angehören will, bekommt dieses Zeichen aufgeprägt. Es ist ein unauslöschliches Merkmal. Wie die Schafe einer Herde ein Siegel eingebrannt bekommen, damit jeder weiß, zu wem sie gehören.

2. Das Katechumenenöl

Früher wurden Kämpfer mit Öl eingerieben, damit ihr Gegner sie nicht packen konnte, sondern abrutschte. Diese Salbung wurde damals zu Beginn der Vorbereitungszeit zur Taufe gespendet. Heute geschieht es meist erst bei der Taufe. Der Täufling bekommt Katechumenenöl auf die Stirn gerieben, damit er gegen das Böse geschützt ist und er ein „Streiter für Gott" werden kann.

Für die Eltern

Noch andere Bilder beschreiben die Bedeutung des Wassers und der Taufe:

Beim Durchzug durch das Rote Meer spielt das Wasser eine wichtige Rolle: Die Kinder Abrahams, die aus der Knechtschaft des Pharao befreit wurden und trockenen Fußes durch das Schilfmeer schritten, sind ein Bild dafür, dass wir durch das Wasser der Taufe von der Knechtschaft des Bösen befreit werden. Vorzeichen der Taufe ist schließlich auch die Überschreitung des Jordan. Das Volk Gottes erhielt das Land, das schon dem Abraham verheißen war, zum Geschenk.

Durchzug durch das Rote Meer

Glaube und Taufe
(siehe auch KKK Nr. 1253–1255)

Die Taufe ist das Sakrament des neuen Lebens aus dem Glauben. Zum Glauben braucht der Täufling die Gemeinschaft der Gläubigen, die Kirche. Keiner ist allein Christ. Christsein ist ja eine neue Lebensordnung. An die Paten wird die Frage gerichtet: Was erbittet ihr von der Kirche Gottes? Und sie antworten: Den Glauben.

Bei allen Getauften, ob sie nun Kinder oder Erwachsene sind, muss der Glaube wachsen. Er geht verloren, wenn er nicht gepflegt wird. Damit sich die Christen immer wieder daran erinnern, feiert die Kirche jedes Jahr in der Osternacht die Tauferneuerung, ebenso bei jeder Taufe.

Damit sich das neue Leben auch entfalten kann, ist die Hilfe der Eltern wichtig. Der Glaube bringt ja eine neue Sicht auf viele Dinge des Lebens. Auch die Paten und die Gemeinde wirken mit. Sie sollten Menschen sein, denen der christliche Glaube etwas bedeutet, die fähig und bereit sind, dem Neugetauften auf seinem Weg im christlichen Leben beizustehen. Die ganze kirchliche Gemeinschaft ist für die Entfaltung und Bewahrung der Taufgnade mitverantwortlich.

3. Das Taufwasser

Das Taufwasser für alle Täuflinge des Jahres wird in der Osternacht geweiht. Die Kirche bittet **Gott,** dass alle, die damit getauft werden, den **Heiligen Geist** empfangen, wie **Christus** es verheißen hat. Der Höhepunkt der Taufe ist das dreimalige Übergießen mit Wasser, die Taufe auf die „Heilige Dreifaltigkeit".

Dazu spricht der Priester die Worte:
Ich taufe dich – im Namen des Vaters – und des Sohnes – und des Heiligen Geistes.

Jesus gab nach seiner Auferstehung den Aposteln diesen Auftrag: „Darum geht und macht alle Völker zu meinen Jüngern; tauft sie auf den Namen des Vaters und des Sohnes und des Heiligen Geistes" (Mt 28,19).

Mithilfe der Eltern und Paten und mit der Hilfe des Heiligen Geistes, den Gott gibt, kann der Täufling den Glauben in der Gemeinde lernen.

4. Das Chrisamöl

Früher wurden Könige, Propheten und Priester mit Chrisam gesalbt als Zeichen ihrer besonderen Berufung und Würde. Nun wird der Täufling mit Chrisam gesalbt. Dabei spricht der Taufspender folgendes Gebet:

„Der Allmächtige Gott, der Vater unseres Herrn Jesus Christus, hat dich von der Schuld Adams befreit und dir aus dem Wasser und dem Heiligen Geist neues Leben geschenkt. **Du wirst nun mit dem Heiligen Chrisam gesalbt, denn du bist Glied des Volkes Gottes und gehörst für immer Christus an,** der gesalbt ist zum Priester, König und Propheten in Ewigkeit."

Durch die Salbung sind wir zu Königskindern erhoben. Diese Würde kommt jedem in der Taufe zu.

Für die Eltern

Die Wirkung der Taufgnade
(siehe auch KKK Nr. 1263 – 1265)

Durch die Taufe — weil ein neues Leben beginnt — wird einem erwachsenen Täufling auch alle Schuld vergeben. Es ist die Gnade der Taufe, dass Gott den Täufling, im Bild gesprochen, als sein Kind „adoptiert", er wird Bruder, Schwester Christi, die Bibel gebraucht das Bild: Der Täufling wird Tempel des Heiligen Geistes. Das ist von Gott her unwiderrufbar, deshalb wird die Taufe auch nicht wiederholt. Damit beginnt kein Paradies, die Neigung zur Sünde kennt auch ein Getaufter. Die Taufe aber ist eine Hilfe, ihr zu widerstehen.

Seit ältester Zeit wird die Taufe auch schon Kindern gespendet; das zeigt, dass sie keine menschlichen Verdienste voraussetzt. Sie ist ein kostbares Zeichen, daher kann im Notfall jeder einen anderen taufen, wenn er nur die Absicht hat, damit das zu tun, was die Kirche tut, und es in dem Satz ausdrückt: Ich taufe dich im Namen des Vaters und des Sohnes und des Heiligen Geistes. Amen.

Die Taufe Christi
(siehe auch KKK Nr. 1223 – 1224)

Die Zeichen und Verheißungen des Alten Bundes finden in Christus Jesus ihre Vollendung. Dieser beginnt sein öffentliches Leben nach seiner Taufe durch Johannes im Jordan.

Um „die Gerechtigkeit [die Gott fordert] ganz zu erfüllen" (Mt 3,15), hat sich Jesus freiwillig der Taufe durch Johannes, die für Sünder bestimmt war, unterzogen. In dieser Handlung zeigt sich die „Selbstentäußerung" Jesu [vgl. Phil 2,7]. Er will ganz Mensch sein, ganz Jude, eingefügt in Israels Glauben. Der Geist, der über den Wassern der ersten Schöpfung schwebte, lässt sich dabei auf Christus nieder, um auf die Neuschöpfung hinzudeuten, und der Vater bezeugt Jesus als seinen „geliebten Sohn" (Mt 3,17).

Nach seiner Auferstehung sendet Jesus die Apostel mit dem Auftrag: „Darum geht und macht alle Völker zu meinen Jüngern; tauft sie auf den Namen des Vaters und des Sohnes und des Heiligen Geistes und lehrt sie, alles zu befolgen, was ich euch geboten habe" (Mt 28,19 – 20a).

Taube — Zeichen für den Heiligen Geist

5. Das Taufkleid

Mit der Taufe beginnt ein neues Leben. Das weiße Kleid, das dem Täufling nun angezogen wird, ist Zeichen dafür. Früher wurden mehr Erwachsene getauft, die ihr altes Leben tatsächlich hinter sich ließen und ein ganz neues Leben anfingen. Das Taufgewand wurde damals eine Woche lang getragen.

6. Die Taufkerze

Die Taufkerze wird an der Osterkerze entzündet und den Eltern übergeben. Dabei spricht der Zelebrant:

„Empfange das Licht Christi! Liebe Eltern und Paten, Ihnen wird dieses Licht anvertraut. **Christus, das Licht der Welt, hat Ihr Kind erleuchtet. Es soll als Kind des Lichtes leben,** sich im Glauben bewähren und dem Herrn und allen Heiligen entgegengehen."

Das Leben in der Kirche gibt unserem Leben Licht und Orientierung.

Die Taufkerze erinnert auch an den Auftrag Jesu:
Ihr seid das Licht der Welt!

❓ Frage an die Kinder

Wer darf taufen?

Wer kann getauft werden?

Kann man die Taufe mehrmals empfangen?

Hast du schon eine Taufe mitgefeiert?

Kannst du fünf oder sechs Taufzeichen nennen und weißt du, was sie bedeuten?

Kannst du die Geschichte deines Namenspatrons erzählen?

Wer sind deine Paten? Weißt du, wann sie getauft wurden?

Hast du schon einmal deine Taufurkunde angeschaut?

Petrus und die anderen Apostel taufen am Pfingsttag

Neues Testament | Aus der Apostelgeschichte 2,14.22–23. 32–33.36–39.41

Da trat Petrus auf, zusammen mit den Elf; er erhob seine Stimme und begann zu reden: Ihr Juden und alle Bewohner von Jerusalem! Dies sollt ihr wissen, achtet auf meine Worte! Israeliten, hört diese Worte: Jesus, den Nazoräer, einen Mann, den Gott vor euch beglaubigt hat durch Machttaten, Wunder und Zeichen, die er durch ihn in eurer Mitte getan hat, wie ihr selbst wisst – ihn, der nach Gottes beschlossenem Willen und Vorauswissen hingegeben wurde, habt ihr durch die Hand von Gesetzlosen ans Kreuz geschlagen und umgebracht.

Diesen Jesus hat Gott auferweckt, dafür sind wir alle Zeugen. Zur Rechten Gottes erhöht, hat er vom Vater den verheißenen Heiligen Geist empfangen und ihn ausgegossen, wie ihr seht und hört. Mit Gewissheit erkenne also das ganze Haus Israel: **Gott hat ihn zum Herrn und Christus gemacht, diesen Jesus, den ihr gekreuzigt habt.** Als sie das hörten, traf es sie mitten ins Herz und sie sagten zu Petrus und den übrigen Aposteln: Was sollen wir tun, Brüder?

Petrus antwortete ihnen: **Kehrt um und jeder von euch lasse sich auf den Namen Jesu Christi taufen zur Vergebung eurer Sünden; dann werdet ihr die Gabe des Heiligen Geistes empfangen. Denn euch und euren Kindern gilt die Verheißung und all denen in der Ferne, die der Herr, unser Gott, herbeirufen wird.** Die nun, die sein Wort annahmen, ließen sich taufen. An diesem Tag wurden ihrer Gemeinschaft etwa 3000 Menschen hinzugefügt.

❓ Frage an die Kinder

Wann war dieser erste Pfingsttag? Da war doch Jesus schon gestorben?

Für die Eltern

Den Mut, an Pfingsten öffentlich aufzutreten und Jesus als den gekommenen Messias zu verkünden, haben die Apostel durch den Heiligen Geist empfangen; sie lernten, im Geist Gottes zu verstehen. Diesen Beistand hat Jesus ihnen zugesagt. Und Petrus spricht in seiner Predigt davon, dass Christus den Geist, den der Vater bereits bei der Taufe im Jordan über ihn ausgegossen hat, nun an sie weitergibt. Dieser Geist Gottes schenkt ihnen die Kraft, Jesus als Auferstandenen zu bezeugen.

In die Kirche, den Leib Christi, eingegliedert (siehe auch KKK Nr. 1267)

Die Taufe macht uns zu Gliedern des Leibes Christi. Aus dem Taufbrunnen werden dem einzigartigen Volk Gottes „neue Kinder" geboren. Dieses „Volk" geht über alle natürlichen oder menschlichen Grenzen der Nationen, Kulturen, Völker und Geschlechter hinaus. Das ist die Botschaft dieses neuen, besser: des erneuerten Bundes Gottes. „Durch den einen Geist wurden wir in der Taufe alle in einen einzigen Leib aufgenommen" (1 Kor 12,13). Wir erkennen auch die lange Geschichte Israels als unsere gemeinsame Glaubensgeschichte.

Petrus predigt am Pfingsttag

Anregungen aus der Praxis …

Zum Sakrament der Taufe

- **Fast jede Kirche hat eine Taufkapelle mit einem schönen, aus Stein gehauenen Taufstein;** darin ist das **Weihwasserbecken** eingelassen. Beim Eingang der Kirche gibt es einen kleinen Wasserbehälter, er ist ebenfalls mit Weihwasser gefüllt. Viele Leute machen sich damit ein Kreuz auf die Stirne zur Erinnerung an ihre Taufe.

- **Wenn Ihr Kind Geburtstag gefeiert hat, könnten Sie auch zu Hause seines Tauftages gedenken** und dazu z. B. bei einem festlicheren Essen die Taufkerze auf den Tisch stellen. Ob es in Ihrer Kirche auch ein Bild oder eine Figur von Johannes dem Täufer gibt? Sie könnten an einem Abend die Geschichte seiner Begegnung mit Jesus vorlesen (Johannes 1,19—34).

- Eine gute Gelegenheit, den Taufvorgang zu erleben, bietet sich an, wenn Ihre Familie **die Taufe eines anderen Kindes in der Kirche mitfeiert.** Oft dürfen die Kinder dabei ganz nah herkommen zur Taufgruppe und so das Empfangen der Taufzeichen sehr schön mitverfolgen.

- Es gibt ein eigenes Buch, das liegt entweder in der Pfarrei auf oder beim Bischof. Darin sind alle Taufen eingetragen, die in einer bestimmten Kirche gefeiert wurden, auch die Taufe Ihres Kindes. **Zeigen Sie Ihrem Kind seine Taufurkunde** und erzählen Sie ihm außerdem, wo Sie selbst getauft wurden, vielleicht können Sie einmal dorthin fahren.

Die ersten Sakramente

Zum Sakrament der Versöhnung

Jesus im Hause des Zöllners Zachäus

Neues Testament | Aus dem Evangelium nach Lukas 19,1–10

Dann kam Jesus nach Jericho und ging durch die Stadt. Und siehe, da war ein Mann namens Zachäus; er war der oberste Zollpächter und war reich. Er suchte Jesus, um zu sehen, wer er sei, doch er konnte es nicht wegen der Menschenmenge; denn er war klein von Gestalt. Darum lief er voraus und stieg auf einen Maulbeerfeigenbaum, um Jesus zu sehen, der dort vorbeikommen musste.

Als Jesus an die Stelle kam, schaute er hinauf und sagte zu ihm: **Zachäus, komm schnell herunter! Denn ich muss heute in deinem Haus bleiben.** Da stieg er schnell herunter und nahm Jesus freudig bei sich auf. Und alle, die das sahen, empörten sich und sagten: Er ist bei einem Sünder eingekehrt.

Zachäus aber wandte sich an den Herrn und sagte: Siehe, Herr, die Hälfte meines Vermögens gebe ich den Armen, und wenn ich von jemandem zu viel gefordert habe, gebe ich ihm das Vierfache zurück. Da sagte Jesus zu ihm: Heute ist diesem Haus das Heil geschenkt worden, weil auch dieser Mann ein Sohn Abrahams ist. **Denn der Menschensohn ist gekommen, um zu suchen und zu retten, was verloren ist.**

Die Wirkung der Vergebung (KKK Nr. 1443)

Während seines öffentlichen Lebens vergab Jesus nicht nur Sünden, sondern zeigte auch die Wirkung der Vergebung: Er gliederte die Sünder, denen er verziehen hatte, wieder in die Gemeinschaft des Gottesvolkes ein, aus der die Sünde sie entfernt oder sogar ausgeschlossen hatte. Ein offensichtliches Zeichen dafür ist es, dass Jesus Sünder an seinen Tisch lädt, ja dass er sich selbst an ihren Tisch setzt — eine Handlung, die auf ergreifende Weise zugleich die Vergebung durch Gott [vgl. Lk 15] und die Rückkehr in den Schoß des Volkes Gottes [vgl. Lk 19,9] zum Ausdruck bringt.

 Frage an die Kinder

Warum klettert Zachäus auf einen Baum?

Was passiert im Haus des Zachäus? Warum besucht Jesus den Zöllner?

Ziemlich am Ende stehen wichtige Sätze, schreibe einen davon auf!

Für die Eltern

Jesus will „die verlorenen Schafe Israels" retten, z. B. den Zachäus. Es findet ein Mahl statt bei der Begegnung mit Jesus, ein Mahl der Versöhnung (= Annahme als Sohn). Zöllner waren in Israel ziemlich verhasst, weil sie im Auftrag der Römer Zölle eintrieben und zudem in die eigene Tasche arbeiteten.

Jesus vergibt dem Zöllner, und der kündigt aus lauter Freude eine große Wiedergutmachung an. Jesus nimmt Zachäus wieder auf in die Geschichte Gottes mit seinem Volk und sagt: Heute ist diesem Haus das Heil geschenkt worden, weil auch dieser Mann ein Sohn Abrahams ist, d. h. zu dieser Heilsgeschichte gehören will.

Zachäus will Jesus sehen →

Die Umkehr

Zachäus kehrt von einem Weg, auf dem er Gott und anderen Menschen Unrecht getan hat, wieder um auf einen rechten Weg. Er will mit Jesus darüber reden und will die Worte Jesu hören: Gott vergibt dir.

Was hat sich da bei **Zachäus** ereignet?	Und genauso ist es **bei uns**:
Zachäus besinnt sich.	Gewissenserforschung
Er bereut seine Schuld.	Reue
Er bekennt sie vor Jesus.	Bekenntnis
Jesus verzeiht ihm.	Lossprechung
Er will alles wiedergutmachen.	Buße

Die Feier der Versöhnung

Neues Testament | Aus dem Evangelium nach Matthäus 5,23–24 und nach Markus 11,25

Wenn du deine Opfergabe zum Altar bringst und dir dabei einfällt, dass dein Bruder etwas gegen dich hat, so lass deine Gabe dort vor dem Altar liegen; geh und versöhne dich zuerst mit deinem Bruder, dann komm und opfere deine Gabe!

Und wenn ihr beten wollt und ihr habt einem anderen etwas vorzuwerfen, dann vergebt ihm, damit auch euer Vater im Himmel euch eure Verfehlungen vergibt.

> **? Frage an die Kinder**
>
> Lies nach, was im Evangelium nach Markus über das wichtigste Gebot steht (Kapitel 12, Verse 28–31)!
>
> War dieses Gebot wohl nur zur Zeit Jesu gültig?
>
> Wann bringt man eine Opfergabe zum Altar?

Für die Eltern

Wie sieht die Umkehr bei Zachäus aus? Wir können uns richtig mitfreuen an seiner Begeisterung. Auch wir werden immer wieder schuldig und entfernen uns damit von Gott, von der Gemeinschaft der Kirche und von unseren Mitmenschen. Aber Gott hält sein Erbarmen für uns bereit im Sakrament der Versöhnung. Gott nimmt uns als seine Kinder wieder an. Dies soll zur Freude führen, neu anfangen zu wollen.

Es ist hilfreich, vor dem Beichtgespräch mit dem Priester mit dem Kind zusammen zu Hause in guter Atmosphäre nachzudenken, wann es z. B. bewusst etwas Unrechtes oder absichtlich etwas Böses getan hat, und ob es sich erinnert, wie es kam, dass alles wieder gut geworden ist. Am Vorabend der großen Kirchenfeste findet in der Regel eine Bußfeier in der Kirche statt. Hilfen zur Vorbereitung der Beichte mit Kindern finden sich im Gotteslob ab Nr. 597.

Die Versöhnung →

Der barmherzige Vater

Neues Testament | Aus dem Evangelium nach Lukas 15,11–24

Jesus erzählte dieses Gleichnis: Ein Mann hatte zwei Söhne. Der jüngere von ihnen sagte zu seinem Vater: Vater, gib mir das Erbteil, das mir zusteht! Da teilte der Vater das Vermögen unter sie auf. Nach wenigen Tagen packte der jüngere Sohn alles zusammen und zog in ein fernes Land.

Dort führte er ein zügelloses Leben und verschleuderte sein Vermögen. Als er alles durchgebracht hatte, kam eine große Hungersnot über jenes Land und er begann Not zu leiden. Da ging er zu einem Bürger des Landes und drängte sich ihm auf; der schickte ihn aufs Feld zum Schweinehüten. Er hätte gern seinen Hunger mit den Futterschoten gestillt, die die Schweine fraßen; aber niemand gab ihm davon.

Da ging er in sich und sagte: Wie viele Tagelöhner meines Vaters haben Brot im Überfluss, ich aber komme hier vor Hunger um. Ich will aufbrechen und zu meinem Vater gehen und zu ihm sagen: Vater, ich habe mich gegen den Himmel und gegen dich versündigt. Ich bin nicht mehr wert, dein Sohn zu sein; mach mich zu einem deiner Tagelöhner! Dann brach er auf und ging zu seinem Vater.

Der Vater sah ihn schon von Weitem kommen und er hatte Mitleid mit ihm. Er lief dem Sohn entgegen, fiel ihm um den Hals und küsste ihn. **Da sagte der Sohn zu ihm: Vater, ich habe mich gegen den Himmel und gegen dich versündigt; ich bin nicht mehr wert, dein Sohn zu sein.** Der Vater aber sagte zu seinen Knechten: Holt schnell das beste Gewand und zieht es ihm an, steckt einen Ring an seine Hand und gebt ihm Sandalen an die Füße! Bringt das Mastkalb her und schlachtet es; wir wollen essen und fröhlich sein. **Denn dieser, mein Sohn, war tot und lebt wieder; er war verloren und ist wiedergefunden worden. Und sie begannen, ein Fest zu feiern.**

 Frage an die Kinder

Findest du heraus, warum es heißt: „der verlorene Sohn"?

Was sagt er zu seinem Vater? (Lk 15,21)

Warum können wir sagen: Es war ein barmherziger Vater?

Und warum erzählt Jesus diese Geschichte?

Worüber freut sich der Vater am Ende der Geschichte, was sagt er? (Lk 15,24)

Der verlorene Sohn beim Schweinehüten

Der barmherzige Vater nimmt seinen Sohn wieder auf

Für die Eltern
Der Weg der Umkehr und der Buße (KKK Nr. 1439)

Der Weg der Umkehr und der Buße wurde von Jesus eindrucksvoll geschildert im Gleichnis vom „verlorenen Sohn", dessen Mitte „der barmherzige Vater" ist: die Verlockung einer illusorischen Freiheit, das Verlassen des Vaterhauses; das äußerste Elend, in das der Sohn gerät, nachdem er sein Vermögen verschleudert hat; die tiefe Demütigung, Schweine hüten zu müssen und, schlimmer noch, die des Verlangens, sich am Schweinefutter zu sättigen; das Nachsinnen über die verlorenen Güter; die Reue und der Entschluss, sich vor dem Vater schuldig zu bekennen; der Rückweg; die großherzige Aufnahme durch den Vater; die Freude des Vaters: das alles sind Züge des Bekehrungsvorgangs. Das schöne Gewand, der Ring und das Festmahl sind Sinnbilder des reinen, würdigen und freudvollen neuen Lebens, des Lebens des Menschen, der zu Gott und in den Schoß seiner Familie, der Kirche, heimkehrt. Einzig das Herz Christi, das die Tiefen der Liebe seines Vaters kennt, konnte uns den Abgrund seiner Barmherzigkeit auf eine so einfache und schöne Weise schildern.

Tipp: Das Allgemeine Schuldbekenntnis auswendig lernen

Das Allgemeine Schuldbekenntnis

Priester: Wir sprechen das Schuldbekenntnis.

**Alle: Ich bekenne Gott, dem Allmächtigen,
und allen Brüdern und Schwestern,
dass ich Gutes unterlassen und Böses getan habe –
ich habe gesündigt in Gedanken, Worten und Werken
durch meine Schuld, durch meine Schuld,
durch meine große Schuld.
Darum bitte ich die selige Jungfrau Maria, alle Engel
und Heiligen und euch, Brüder und Schwestern,
für mich zu beten bei Gott, unserem Herrn.**

Priester: Der allmächtige Gott erbarme sich unser.
Er lasse uns die Sünden nach und führe uns zum ewigen Leben.

Alle: Amen.

Der barmherzige Vater vergibt mir

Anregungen aus der Praxis …

Zum Sakrament der Versöhnung

- Besonders am Tag vor oder nach einer Beichte könnten Sie mit Ihrem Kind aus der Bibel eine **Erzählung vom Verzeihen, vom Versöhnen** miteinander lesen.

    Einige Beispiele:

    Jesus vergibt den Jüngern, dass sie ungeduldig zu Eltern und ihren Kindern waren — bei Markus 10,13 – 16;

    als die Jünger in Streit gerieten, wer der Größte unter ihnen sei — bei Lukas 22,24 – 27;

    oft hat Jesus den Kranken ihre Sünden vergeben, so wird es erzählt bei Matthäus 9,1 – 8;

    und im Vaterunser beten wir auch um Vergebung.

- Als Jesus gekreuzigt wurde, hat er einem Mitgekreuzigten und auch den Soldaten vergeben (Lukas 23,32 – 43). In vielen Kirchen, aber manchmal auch im Freien („Kalvarienberg"), gibt es **Bilder oder Figuren, die zeigen, was Jesus auf dem Weg zu seiner Kreuzigung erlebt hat.** An diesen Bildern kann man entlanggehen von Station zu Station und zum Betrachten verweilen. Laden Sie noch zwei, drei andere Kinder dazu ein. Das passt besonders in der Woche vor Ostern, der Karwoche (Kar ist ein altes deutsches Wort für Trauer). Es war Unrecht, Jesus zu töten, aber seine Liebe zu den Menschen damals und auch zu uns blieb unverändert bestehen. Aus Liebe hat Gott Vater auch um unseretwillen Jesus zu neuem Leben erweckt. In Jerusalem gehen viele Pilger in der Passionszeit auf der Via Dolorosa den letzten Weg Jesu nach.

- Wenn Sie selbst oder auch Ihr Kind das **Sakrament der Beichte** empfangen oder an einer Bußandacht teilgenommen haben, kann ein etwas **festlicheres Essen zu Hause** Ausdruck der Freude sein.

Die ersten Sakramente

Zum Sakrament der Eucharistie

Das Paschamahl in Israel

Aus dem Alten Testament | Exodus 12,1–8.11–14

Der Herr sprach zu Mose und Aaron im Land Ägypten: Dieser Monat soll die Reihe eurer Monate eröffnen, er soll euch als der erste unter den Monaten des Jahres gelten. Sagt der ganzen Gemeinde Israel: **Am Zehnten dieses Monats soll jeder ein Lamm für seine Familie holen, ein Lamm für jedes Haus.** Ist die Hausgemeinschaft für ein Lamm zu klein, so nehme er es zusammen mit dem Nachbarn, der seinem Haus am nächsten wohnt, nach der Anzahl der Personen. Bei der Aufteilung des Lammes müsst ihr berücksichtigen, wie viel der Einzelne essen kann. Nur ein fehlerfreies, männliches, einjähriges Lamm darf es sein, das Junge eines Schafes oder einer Ziege müsst ihr nehmen.

Ihr sollt es bis zum vierzehnten Tag dieses Monats aufbewahren. In der Abenddämmerung soll die ganze versammelte Gemeinde Israel es schlachten. Man nehme etwas von dem Blut und bestreiche damit die beiden Türpfosten und den Türsturz an den Häusern, in denen man es essen will. Noch in der gleichen Nacht soll man das Fleisch essen. Über dem Feuer gebraten und zusammen mit ungesäuertem Brot und Bitterkräutern soll man es essen. So aber sollt ihr es essen: Eure Hüften gegürtet, Schuhe an euren Füßen, den Stab in eurer Hand. Esst es hastig! **Es ist ein Pascha für den Herrn.**

In dieser Nacht gehe ich durch das Land Ägypten und erschlage im Land Ägypten jede Erstgeburt bei Mensch und Vieh. Über alle Götter Ägyptens halte ich Gericht, ich, der Herr. Das Blut an den Häusern, in denen ihr wohnt, soll für euch ein Zeichen sein. Wenn ich das Blut sehe, werde ich an euch vorübergehen und das vernichtende Unheil wird euch nicht treffen, wenn ich das Land Ägypten schlage. **Diesen Tag sollt ihr als Gedenktag begehen. Feiert ihn als Fest für den Herrn! Für eure kommenden Generationen wird es eine ewige Satzung sein, das Fest zu feiern!**

Auszug der Israeliten aus Ägypten →

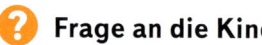 **Frage an die Kinder**

Nenne drei Kennzeichen, wie die Israeliten das Paschamahl essen sollen!

Und warum sollte das Fest hastig gefeiert werden, in der Nacht?

Für die Eltern

Dieser Text im zweiten Buch der Bibel (Exodus = Auszug) über das Paschamahl wurde viel später aufgeschrieben als das Ereignis des Auszugs aus Ägypten stattgefunden hat; er spricht nämlich von der Einsetzung dieses Festes. Pascha heißt Vorübergang; das Fest erinnert daran, dass Gott in Ägypten vorüberging und „sein Volk" heraushalte. In der vorliegenden Form ist der Gedenktag schon zum festen Ritus im ersten Monat des Jahres geworden. Diese Nacht der Errettung durch Gott wird in jedem Jahr nacherlebt und mit Danksagung gefeiert.

In drastischer Weise erinnern der Text und das Fest an die Sorge Gottes: Wird dieses Volk unter den großen Mächten der Welt Bestand haben? Die Erkenntnis des „mitziehenden" Gottes war Israels einzige Sicherheit in der Not. Gleichzeitig entstand in diesem kleinen Volk das Verständnis für das, was Gott wollte. Es war dadurch „sein Volk" geworden, weil es Gottes Sprache verstehen lernte.

So wurde dieses Fest für Israel das Hauptfest der Begegnung mit Gott. Der Auftrag Jesu sollte sich später innerhalb dieser Festzeit in Jerusalem erfüllen.

Christus in der Mitte der zwölf Apostel, Holzrelief, Niederbayern, 15. Jahrhundert

Die Vorbereitung des Paschamahls durch Jesus und seine Apostel

Neues Testament | Aus dem Evangelium nach Lukas 22,7–13

Dann kam der Tag der Ungesäuerten Brote, an dem das Paschalamm geschlachtet werden musste. Jesus sandte Petrus und Johannes aus und sagte: Geht und bereitet das Paschamahl für uns vor, damit wir es essen können! Sie fragten ihn: Wo sollen wir es vorbereiten? Er antwortete ihnen: Siehe, wenn ihr in die Stadt kommt, wird euch ein Mann begegnen, der einen Wasserkrug trägt. Folgt ihm in das Haus, in das er hineingeht, und sagt zu dem Herrn des Hauses: Der Meister lässt dich fragen: Wo ist der Raum, in dem ich mit meinen Jüngern das Paschalamm essen kann? Und der Hausherr wird euch einen großen Raum im Obergeschoss zeigen, der mit Polstern ausgestattet ist. Dort bereitet es vor! Sie gingen und fanden alles so, wie er es ihnen gesagt hatte, und bereiteten das Paschamahl vor.

Für die Eltern
Im Alten Bund (KKK Nr. 1334)

Im Alten Bund werden das Brot und der Wein unter den Erstlingsfrüchten dargebracht, zum Zeichen der Dankbarkeit gegenüber dem Schöpfer. Im Zusammenhang mit dem Auszug aus Ägypten erhalten sie aber noch eine neue Bedeutung. Die ungesäuerten Brote, die das Volk Israel alljährlich bei der Paschafeier isst, gemahnen an die Hast des befreienden Auszugs aus Ägypten; das Gedenken an das Manna in der Wüste ruft Israel stets in Erinnerung, dass es vom Brot des Wortes Gottes lebt [Vgl. Dtn 8,3]. Und das alltägliche Brot ist die Frucht des verheißenen Landes, ein Unterpfand dafür, dass Gott seinen Verheißungen treu bleibt. Der „Kelch des Segens" (1 Kor 10,16) am Schluss des Paschamahls der Juden fügt zur Festfreude des Weins eine endzeitliche Bedeutung hinzu: die messianische Erwartung der Wiederherstellung Jerusalems. Jesus hat seine Eucharistie eingesetzt, indem er der Segnung des Brotes und des Kelches einen neuen, endgültigen Sinn gab.

Das letzte Abendmahl

Neues Testament | Aus dem Evangelium nach Lukas 22,14–23

Als die Stunde gekommen war, legte sich Jesus mit den Aposteln zu Tisch. Und er sagte zu ihnen: Mit großer Sehnsucht habe ich danach verlangt, vor meinem Leiden dieses Paschamahl mit euch zu essen. Denn ich sage euch: Ich werde es nicht mehr essen, bis es seine Erfüllung findet im Reich Gottes. Und er nahm einen Kelch, sprach das Dankgebet und sagte: Nehmt diesen und teilt ihn untereinander! Denn ich sage euch: Von nun an werde ich nicht mehr von der Frucht des Weinstocks trinken, bis das Reich Gottes kommt.

Und er nahm Brot, sprach das Dankgebet,
brach das Brot und reichte es ihnen mit den Worten:
Das ist mein Leib, der für euch hingegeben wird.
Tut dies zu meinem Gedächtnis!
Ebenso nahm er nach dem Mahl den Kelch und sagte:
Dieser Kelch ist der Neue Bund in meinem Blut,
das für euch vergossen wird.

Doch siehe, die Hand dessen, der mich ausliefert, ist mit mir am Tisch. Der Menschensohn muss zwar den Weg gehen, der ihm bestimmt ist. Aber weh dem Menschen, durch den er ausgeliefert wird! Da fragte einer den andern, wer von ihnen das wohl sei, der dies tun werde.

Für die Eltern

Auch Jesus feierte mit seinen Jüngern das Paschamahl des Alten Bundes, die Gedächtnisfeier der Herausführung aus Ägypten, das Erinnern der Berufung und des Auftrages Israels: Das Lamm wird besorgt, ein Raum angemietet usw. (Lk 22,7–13). Die Mitte des Abendmahles aber wird die Hingabe Jesu bis in den Tod. Er sagt bei diesem Mahl: „Tut dies zu meinem Gedächtnis". An dieser Stelle wird das Gedenken an das Paschamahl vor dem Auszug aus Ägypten verwandelt, hinübergeführt in die Gedächtnisfeier an die Ganzhingabe Jesu, seinen Tod und seine Auferstehung.

Ohne diese Feier, die mehr ist als ein „Erinnern", weil sie heute Gott als den rettenden und berufenden gegenwärtig macht, würde auch die Kirche und in ihr die Getauften ihren Auftrag vergessen oder verwässern. Die Kirche wird der „Leib Christi" genannt, d. h. Jesus ist bei denen als gegenwärtig erfahrbar, die in seinem Namen versammelt sind.

Jerusalem bei Nacht

Jesu Hinweis auf den Verräter

Neues Testament | Aus dem Evangelium nach Johannes 13,21—30

Nach diesen Worten wurde Jesus im Geiste erschüttert und bezeugte: Amen, amen, ich sage euch: Einer von euch wird mich ausliefern. Die Jünger blickten sich ratlos an, weil sie nicht wussten, wen er meinte. Einer von den Jüngern lag an der Seite Jesu; es war der, den Jesus liebte. Simon Petrus nickte ihm zu, er solle fragen, von wem Jesus spreche. Da lehnte sich dieser zurück an die Brust Jesu und fragte ihn: Herr, wer ist es? Jesus antwortete: **Der ist es, dem ich den Bissen Brot, den ich eintauche, geben werde. Dann tauchte er das Brot ein, nahm es und gab es Judas, dem Sohn des Simon Iskariot.** Als Judas den Bissen Brot genommen hatte, fuhr der Satan in ihn. Jesus sagte zu ihm: Was du tun willst, das tue bald! Aber keiner der Anwesenden verstand, warum er ihm das sagte. Weil Judas die Kasse hatte, meinten einige, Jesus wolle ihm sagen: Kaufe, was wir zum Fest brauchen! oder Jesus trage ihm auf, den Armen etwas zu geben. Als Judas den Bissen Brot genommen hatte, ging er sofort hinaus. Es war aber Nacht.

❓ Frage an die Kinder

Als Judas hinausgeht, steht da: „Es war aber Nacht."
Was kann es noch bedeuten, außer dass es dunkel war?

Wie kam es, dass Jesus an die Römer ausgeliefert wurde?

Für die Eltern

Bei Johannes wird ausführlich der Verrat des Judas geschildert, der den gemeinsamen Tisch verlässt. Immer wieder dürfen wir dieses Mahl der Versöhnung miteinander feiern, bei dem wir jedes Mal zu Beginn die Vergebung erbitten. In Lk 22,20 sagt Jesus beim letzten Mahl mit seinen Aposteln: „Dieser Kelch ist der Neue Bund in meinem Blut, das für euch vergossen wird." Das bedeutet, dass der Herr den Bund mit Israel nochmals erneuert, gemeinsam mit und für seine Getreuen. Dieser Bund wird bei jedem Gottesdienst vergegenwärtigt. So führten die ersten Christen den Auftrag vom letzten Abendmahl weiter: „Tut dies zu meinem Gedächtnis." Und das ist bis heute so. Wir sind mit Christus die Bundespartner Gottes, ein Bund, der Früchte tragen muss für die Welt.

Judas verlässt den gemeinsamen Tisch

Die Begegnung mit dem Auferstandenen auf dem Weg nach Emmaus

Neues Testament | Aus dem Evangelium nach Lukas 24,13—35

Und siehe, am ersten Tag der Woche waren zwei von den Jüngern auf dem Weg in ein Dorf namens Emmaus, das sechzig Stadien von Jerusalem entfernt ist. Sie sprachen miteinander über all das, was sich ereignet hatte. Und es geschah, während sie redeten und ihre Gedanken austauschten, kam Jesus selbst hinzu und ging mit ihnen. Doch ihre Augen waren gehalten, sodass sie ihn nicht erkannten.

Er fragte sie: Was sind das für Dinge, über die ihr auf eurem Weg miteinander redet? Da blieben sie traurig stehen, und der eine von ihnen – er hieß Kleopas – antwortete ihm: Bist du so fremd in Jerusalem, dass du als Einziger nicht weißt, was in diesen Tagen dort geschehen ist? Er fragte sie: Was denn? Sie antworteten ihm: Das mit Jesus aus Nazaret. Er war ein Prophet, mächtig in Tat und Wort vor Gott und dem ganzen Volk. Doch unsere Hohepriester und Führer haben ihn zum Tod verurteilen und ans Kreuz schlagen lassen. Wir aber hatten gehofft, dass er der sei, der Israel erlösen werde. Und dazu ist heute schon der dritte Tag, seitdem das alles geschehen ist. Doch auch einige Frauen aus unserem Kreis haben uns in große Aufregung versetzt. Sie waren in der Frühe beim Grab, fanden aber seinen Leichnam nicht. Als sie zurückkamen, erzählten sie, es seien ihnen Engel erschienen und hätten gesagt, er lebe. Einige von uns gingen dann zum Grab und fanden alles so, wie die Frauen gesagt hatten; ihn selbst aber sahen sie nicht.

Da sagte er zu ihnen: Ihr Unverständigen, deren Herz zu träge ist, um alles zu glauben, was die Propheten gesagt haben. Musste nicht der Christus das erleiden und so in seine Herrlichkeit gelangen? Und er legte ihnen dar, ausgehend von Mose und allen Propheten, was in der gesamten Schrift über ihn geschrieben steht.

← Der Gang nach Emmaus

❓ Frage an die Kinder

Was tat Jesus, was sagte er, sodass die beiden Jünger ihn erkannten? (Lk 24,30)

Was hatte er unterwegs mit ihnen gesprochen, als sie ihn noch nicht erkannt hatten?

Fortsetzung biblischer Text:

So erreichten sie das Dorf, zu dem sie unterwegs waren. Jesus tat, als wolle er weitergehen, aber sie drängten ihn und sagten: Bleib doch bei uns; denn es wird Abend, der Tag hat sich schon geneigt!

Da ging er mit hinein, um bei ihnen zu bleiben. **Und es geschah, als er mit ihnen bei Tisch war, nahm er das Brot, sprach den Lobpreis, brach es und gab es ihnen. Da wurden ihre Augen aufgetan und sie erkannten ihn; und er entschwand ihren Blicken.** Und sie sagten zueinander: Brannte nicht unser Herz in uns, als er unterwegs mit uns redete und uns den Sinn der Schriften eröffnete? Noch in derselben Stunde brachen sie auf und kehrten nach Jerusalem zurück, und sie fanden die Elf und die mit ihnen versammelt waren. Diese sagten: **Der Herr ist wirklich auferstanden** und ist dem Simon erschienen. Da erzählten auch sie, was sie unterwegs erlebt und wie sie ihn erkannt hatten, als er das Brot brach.

Für die Eltern (dieser Text bezieht sich auf die vorherige Seite)

Die Ostererzählungen am Ende eines jeden Evangeliums sammeln die gläubigen Zeugnisse und Erfahrungen der Apostel, der Jünger und der Frauen ein: dass der Herr auferstanden und bleibend bei uns ist. Gegenwärtig wird er, wenn sie in ihrer Versammlung beim Mahl seines Todes und seiner Auferstehung gedenken und ihren Auftrag erkennen, diese Geschichte weiterzuführen. Der Auferstandene öffnet den Emmausjüngern im Gespräch unterwegs die Augen, dass nach der Schrift (AT) der Messias leiden musste und verherrlicht wird. Beim Brotbrechen wird er ihnen gegenwärtig — wie uns in jedem Gottesdienst — in der versöhnten Tischgemeinschaft. Christus „erscheint" uns heute im Wort der Schrift, im Sakrament, in der Berufung in seine Nachfolge und in der geeinten, um ihren Auftrag versammelten Gemeinde.

Das Apostolische Glaubensbekenntnis

Ich glaube an Gott, den Vater, den Allmächtigen,
den Schöpfer des Himmels und der Erde,
und an Jesus Christus, seinen eingeborenen Sohn, unseren Herrn,
empfangen durch den Heiligen Geist, geboren von der Jungfrau Maria,
gelitten unter Pontius Pilatus, gekreuzigt, gestorben und begraben,
hinabgestiegen in das Reich des Todes,
am dritten Tage auferstanden von den Toten, aufgefahren in den Himmel;
er sitzt zur Rechten Gottes, des allmächtigen Vaters;
von dort wird er kommen, zu richten die Lebenden und die Toten.
Ich glaube an den Heiligen Geist, die heilige katholische Kirche,
Gemeinschaft der Heiligen, Vergebung der Sünden,
Auferstehung der Toten und das ewige Leben. Amen.

Für die Eltern

Von Anfang an wollten die Christen erzählen, was ihnen widerfahren ist, wie sie Gottes Gedanken durch Jesus erkannt haben und wie der Geist Gottes sie untereinander verbindet. So wuchs langsam dieser Hymnus, der zugleich ein Gebet und eine Erzählung über unseren Glauben ist: das Apostolische Glaubensbekenntnis. Das Bild von der „Verkündigung des Kommenden an Maria" drückt ein Doppeltes aus: Dass Gott in Jesus einen fand, der sein Herzensanliegen, sein „Wollen" für uns darstellt, das ist ein Wunder, ist Tat des Geistes Gottes. Es beschreibt auch die Weise des Wirkens Gottes in der Welt: mit und durch Menschen — es bedarf meiner, unserer freien Zustimmung.

Tipp: Das Glaubensbekenntnis allmählich auswendig lernen

„Empfangen durch den Heiligen Geist, geboren von der Jungfrau Maria" →

Die frühen Christen feiern Gottesdienst

Das Leben der ersten Gemeinden

Neues Testament | Aus der Apostelgeschichte 2,41a.42–47

Die nun das Wort des Petrus annahmen, ließen sich taufen. **Sie hielten an der Lehre der Apostel fest und an der Gemeinschaft, am Brechen des Brotes und an den Gebeten.** Alle wurden von Furcht ergriffen; und durch die Apostel geschahen viele Wunder und Zeichen. Und alle, die glaubten, waren an demselben Ort und hatten alles gemeinsam. Sie verkauften Hab und Gut und teilten davon allen zu, jedem so viel, wie er nötig hatte.

Tag für Tag verharrten sie einmütig im Tempel, brachen in ihren Häusern das Brot und hielten miteinander Mahl in Freude und Lauterkeit des Herzens. Sie lobten Gott und fanden Gunst beim ganzen Volk. Und der Herr fügte täglich ihrer Gemeinschaft die hinzu, die gerettet werden sollten.

? Frage an die Kinder

Die Christen bildeten eine Gemeinschaft, man nennt sie ‚die Gemeinden'. Die Apostel haben solche Gemeinden gegründet.

Was konnten die Apostel mit der Hilfe des Heiligen Geistes tun?

Sind die Christen oft zusammengekommen?

Für die Eltern

Die ersten Christen trafen sich immer wieder zu Mahlfeiern in ihren Häusern. Sie lasen aus den Schriften des Alten Testamentes vor, erzählten von Jesus und berichteten über die Ereignisse in ihren Gemeinden. Immer war ihnen dabei Jesu Lebenshingabe – deshalb heißt die Messe auch „Opferfeier" – und seine Auferstehung vor Augen. Sie waren von großer Freude erfüllt und lobten Gott. Wenn sie am gemeinsamen Tisch bei ihrem Festmahl wiederholten, was Jesus im Abendmahlsaal getan hatte, nannten sie diese Feier „das Brotbrechen" oder „die Eucharistie" (= Danksagung). Heute treffen sich die Christen zum Gottesdienst (zur heiligen Messe) in der Kirche, wo der Tisch nach vorne geschoben und für alle sichtbar ist (Altar).

Wie damals hören wir aus den Schriften des Alten Testamentes (AT), von Jesus und seinen Jüngern aus dem Neuen Testament (NT) im Evangelium und aus Briefen der Apostel an ihre Gemeinden. Wir singen und beten und feiern miteinander das Mahl. Der Priester teilt für die Gläubigen das Brot (Hostien) aus, und er trinkt für alle stellvertretend den Wein. Bei besonderen Gottesdiensten, z. B. am Gründonnerstag, können alle Gläubigen Brot und Wein empfangen.

Bis heute versuchen die Christen, sich auch sonst in den Kirchen zu versammeln: zur Spendung der Sakramente, wenn sie sich des Lebens von Heiligen erinnern (Andachten), mit Gebeten, Lesungen, Liedern (Wort-Gottes-Feiern).

Für die Eltern

Die Feier der heiligen Messe

Der Aufbau des Gottesdienstes

Wenn wir die ganze heilige Messe betrachten, sehen wir, dass sie aus verschiedenen Teilen aufgebaut ist: **In den Lesungen und im Evangelium spricht Gott zu uns.** Wir hören von der Geschichte Gottes mit seinem Volk: mit Israel, mit Jesus und den ersten Gemeinden, als die Kirche angefangen hat. Durch diese Geschichte sagt uns Gott, dass er uns liebt und dass er uns führt, auch uns heute. Er sagt uns aber auch durch die Texte, was sein heiliger Wille ist. Das ist der **Wortgottesdienst**.

In anderen Teilen des Gottesdienstes sprechen wir zu Gott. Wir geben ihm Antwort auf seine Worte an uns, indem wir ihn preisen, indem wir ihm danken, indem wir ihn bitten.

In der **Eucharistiefeier**

- danken wir Gott für alles, was er durch Jesus am Volk Gottes getan hat — Eucharistie heißt Danksagung,

- wird der auferstandene und unter uns lebende Christus im Zeichen von Brot und Wein gegenwärtig,

- empfangen wir in der heiligen Kommunion Jesus selber; die versammelte Gemeinde bildet heute den sichtbaren Leib Jesu in der Welt — Communio heißt Gemeinschaft.

„Gott groß machen, d. h. ihm Raum geben in der Welt, im eigenen Leben, ihn einlassen in unsere Zeit und in unser Tun — dies ist das tiefste Wesen des rechten Betens" (Papst Benedikt XVI.).

Die Kinder können den Aufbau des Gottesdienstes in seiner Reihenfolge kennenlernen mit den zwei großen Teilen: Wortgottesdienst und Mahlfeier. Es sind auch kleine Skizzen dabei.

Der Wortgottesdienst

Die Gemeinschaft der Gläubigen, die Pfarrgemeinde, lobt, ehrt und preist in der gottesdienstlichen Feier ihren himmlischen Vater, seinen Sohn Jesus und den Heiligen Geist, den bleibenden Beistand.

Wir stehen zu Beginn der Messe auf und **begrüßen Gott** ehrfürchtig wie einen König: **Eingangslied**, Einzug von Priester und Ministranten und **liturgische Begrüßung**.

Gleichzeitig ist Gott der Vater, dem man alles sagen darf, was in dieser Woche nicht gut gegangen ist: **Besinnung, Schuldbekenntnis, Bitte um Vergebung**. Im Kyrie begrüßen wir feierlich Christus, den König und Herrn, der unser Bruder wurde. *„Gott ist ganz nah, in Rufweite, immer zu erreichen" (Joseph Ratzinger).*

Wir können uns also untereinander und mit Gott versöhnen. Jetzt ist unser Herz frei, wir freuen uns, vor Gott zu stehen. Wir erkennen, was das wichtigste Ereignis in unserem Leben ist: dass Gott uns beim Namen ruft. So können wir das Gloria singen: **Ehre sei Gott in der Höhe.**

Die Feier der heiligen Messe – Der Aufbau des Gottesdienstes

Der Wortgottesdienst

Eröffnung – Wir singen ein Lied zum Einzug. Der Priester begrüßt die Gläubigen: Im Namen des Vaters und des Sohnes und des Heiligen Geistes.

Schuldbekenntnis – Wir besinnen uns darauf, was wir in dieser Woche an Gutem unterlassen und an Bösem getan haben.

Kyrie – Christus wird als unser Herr feierlich begrüßt. Wir bitten um die Versöhnung mit Gott und untereinander mit dem Ruf: „Herr, erbarme dich unser."

Gloria – Wir singen „Ehre sei Gott in der Höhe" oder einen anderen Preisgesang.

Tagesgebet – In diesem Gebet klingt der wichtigste Gedanke des Gottesdienstes an.

Lesung (AT/NT) – Wir hören von der Geschichte Gottes mit seinem Volk Israel und aus Briefen an die ersten Gemeinden der Kirche.

Antwortgesang – Er ist aus einem der 150 Psalmen genommen und passt zur Lesung aus dem AT; den Kehrvers singen alle.

Für die Eltern

Es folgt das **Tagesgebet,** das unser Ohr und unser Herz öffnen soll für **das Wort Gottes,** das wir in diesem Gottesdienst **hören.** Es ist eine Bitte, wie die des großen Königs Salomo. Als er König wurde, so wird erzählt, durfte er vor Gott eine Bitte aussprechen, da bat er um ein „hörendes Herz" (1 Kön 3,4 –15).

Wir setzen uns und hören die **Lesungen.** Der Sprecher sagt, wenn er mit Vorlesen fertig ist: **„Wort des lebendigen Gottes."**

Aber wie kommt das Wort Gottes an uns zustande? Durch die ganze Glaubensgeschichte bestürmten Menschen mit ihren Gebeten Gott, er möge ihnen Wegweiser sein. Sie wollten wissen und hören, was Gott uns Menschen zu sagen hat. Außerdem schauten sie ihre Umwelt und andere Völker an: Kriege, Kriegsdienst, Leid in den Familien, Sklaverei, Königsherrschaft usw. Will Gott das alles? Nein, sagte ihr Gewissen, sicher nicht! Also schrieben sie Grunderfahrungen auf. Daraus entwickelten sich z. B. die Zehn Gebote. Israel formulierte: Mose hat sie von Gott empfangen. Sie sind eine Gabe, eine Hilfe für unser Zusammenleben. Mose war wie alle Propheten so ein Hinhörer, so ein Lauscher auf das Wort Gottes. Vielleicht müsste man es deshalb „erhorchtes, erbetetes Wort Gottes" nennen. Und das wurde dann in der Bibel festgehalten.

So ist jede Lesung im Gottesdienst auch ein Stück Erzählung, wie Gott sich durch die Geschichte offenbarte. Deshalb gibt es eine **Lesung aus dem Alten Testament,** der Heilsgeschichte Gottes mit Israel, und es gibt eine **Lesung aus dem Neuen Testament,** aus Briefen, die die Apostel nach der Auferstehung Jesu an die frühen Gemeinden geschrieben haben. In der Osterzeit gibt es nur Lesungen aus der Zeit, die die Christen als Zeit der Erfüllung verstehen, also aus dem Neuen Testament.

Zwischen der ersten und der zweiten Lesung stimmt der Vorsänger den **Antwortgesang** an. Dieser ist eine gemeinsame Erwiderung auf den eben gehörten Text. Er greift mit Psalmversen den Hauptgedanken aus der Lesung auf. Das Volk singt den Kehrvers mit.

Nun stehen wir zum **Halleluja** (= Preist Gott) und zum Evangelium auf. Eine wesentliche Aussage daraus wird zum Halleluja gesungen. Als **Evangelium** wird immer ein Text aus dem Leben Jesu vorgelesen. Die Ministranten geleiten den Priester mit dem Evangelienbuch in feierlicher Prozession zum Ambo und stehen mit den Kerzen links und rechts, während der Priester das Evangelium vorträgt; das bedeutet: Diese „Frohe Botschaft" bringt Licht in die Welt.

Danach setzen wir uns und hören die Homilie. In der **Homilie (Predigt)** erklären uns der Priester oder der Diakon, was die gehörten Schrifttexte in ihrer Entstehungszeit bedeuteten und was sie uns heute sagen wollen: für unser Miteinander in der Gemeinde und in der Nachfolge Jesu.

Halleluja heißt „Gelobt sei Gott". Dazu wird ein Vers aus dem Evangelium gesungen.

Evangelium = Frohbotschaft – Der Priester liest einen Text aus dem Leben Jesu vor.

Predigt/Homilie – Der Priester erklärt uns die Worte Jesu und auch, was die Schrifttexte für uns heute bedeuten.

Credo, das heißt: „Ich glaube". Wir bekennen gemeinsam unseren Glauben an den dreieinigen Gott, den Vater, den Sohn und den Heiligen Geist.

Fürbitten – Wir flehen Gott für die Kirche und für die ganze Welt um Hilfe an, weil wir als Christen für alle Verantwortung tragen.

Die Mahlfeier (Eucharistiefeier)

Eucharistie = Danksagung

Gabenbereitung – Der Altar wird für die Eucharistiefeier vorbereitet, der schön gestaltete Becher (Kelch) und Brot und Wein werden gebracht.

Händewaschung – Früher bekam der Priester mehlige Hände, weil große Brote auf den Altar gelegt wurden. Oft brachten die Christen auch Lebensmittel, damit alle genug zu essen hätten für die kommende Woche. Der Priester nahm die Gaben entgegen. Daran erinnert noch heute die Händewaschung. Der Priester betet dabei: Herr, reinige mich auch von meinen Sünden.

Für die Eltern

Nun stehen wir wieder auf zum **Credo**, das heißt: **Ich glaube**. Im Glaubensbekenntnis bekennen wir den Glauben **an Gott Vater, an Jesus Christus,** an dem wir den Willen Gottes erkennen – und das mit Hilfe des **Heiligen Geistes**. Das kurze römische Glaubensbekenntnis war in der Anfangszeit der Kirche eine dreifache Glaubensanfrage an den erwachsenen Täufling. In dieser Frühzeit der Geschichte der Kirche wurden diese „**Glaubenssätze**" meist in Konzilien festgelegt durch Päpste und andere gläubige Kirchenmänner. Es gibt auch noch ein langes Glaubensbekenntnis, das viele noch an Festen beten.

Es folgen als Abschluss des Wortgottesdienstes die **Fürbitten**. Die Gläubigen beten mit dem Priester zu Gott um seine Hilfe für die Kirche, damit sie nach seinem Willen lebt. **Wir bitten Gott aber nicht nur für uns, sondern für alle Menschen:** für die Regierenden, dass sie gute Entscheidungen treffen, für die Völker, dass sie Frieden finden, für die Kranken, dass ihre Zuversicht gestärkt wird, für die Trauernden, dass sie Tröster haben, für den Papst und die Bischöfe, dass sie die Gläubigen auf dem rechten Weg führen, für uns alle, dass wir erkennen und tun, was uns Jesus vorgelebt hat usw. Hier kann auch über aktuelle Probleme gesprochen werden, die die Kinder schon mitbekommen. Evtl. können Fürbitten mit den Kindern eigens formuliert werden (Vorlagen in Gebetbüchern, im Gotteslob). Wir setzen uns anschließend zur Gabenbereitung.

Die Mahlfeier (Eucharistiefeier)

Eucharistiefeier heißt Danksagung. Sie ist der zweite große Teil der heiligen Messe. Wie Jesus seine Jünger um sich gesammelt hat, versammeln wir uns zur Feier der Eucharistie. Früher, bald nach der Auferstehung Jesu, setzten sich die kleinen Gruppen, die „**Hausgemeinden**", zur Gottesdienstfeier **gemeinsam um einen Tisch.**

Als im Laufe der Jahrhunderte immer größere Kirchen gebaut wurden, fand man für das Mahlhalten beim Gottesdienst für das Brot die Form der Hostie – eine dünne Getreidescheibe, die nicht austrocknet. So können ganz viele Gläubige am Mahl teilnehmen. Vom Wein aus dem Kelch trinken meistens nur der Priester und evtl. die Diener am Altar.

Und wenn bei einer Feier zu viele Hostien für das Mahl bereitet wurden, so erinnern sie, im Tabernakel mit dem roten „ewigen Licht" verwahrt, an die bleibende Gegenwart Jesu unter uns. Auch kann in dieser Form die Kommunion leichter zu Kranken gebracht werden.

An Festtagen gibt es manchmal anschließend noch ein sog. „Sättigungsmahl", man nennt es auch „Agapemahl", bei dem die Gemeinde noch fröhlich zusammensitzt und isst und trinkt. „Agape" bezeichnet eine Form der Liebe zueinander, die dadurch entsteht, dass wir alle an der Geschichte Gottes mit Israel und der Geschichte Jesu teilhaben. Das verbindet uns stärker als Freundschaften, gemeinsame Interessen, Sympathie, mitunter auch stärker als in der Familie. So entsteht aus dem gemeinsamen Feiern auch gegenseitige Sorge und Hilfe. **Wir danken für die Einladung zum Tisch des Herrn,** zum Mahl mit Jesus. Er ist unser Bruder und Herr. Wir gehören, wie damals die Apostel, heute zu seiner „**neuen Familie**".

Gabengebet – Der Priester bittet, dass Gott die Gaben der Gläubigen annehmen möge.

Hochgebet – Dieses feierliche Dankgebet und dieser Lobpreis an Gott für seine Heilstaten beginnt mit dem Eröffnungsgesang (Präfation) und endet vor dem Vaterunser mit unserer Zustimmung im „Amen".
Die Mitte dieses Gebetes ist unser Gedenken und unser Dank für das Abendmahl Jesu, für sein Leiden und Sterben (deshalb steht am Altar ein Kreuz) und an sein Leben auch heute unter uns.

Sanctus – Der Priester lädt ein, mit den Engeln und Heiligen den Preisgesang „Heilig, heilig, heilig" anzustimmen.

Wandlung – An dieser Stelle spricht der Priester die Worte, die Jesus einst im Abendmahlsaal über Brot und Wein gesprochen hat. Am Gründonnerstag fügt er sogar die Worte hinzu: „Und das ist heute." So wie Jesus uns schon vorher im Wort des Evangeliums gegenwärtig wurde, wird er jetzt gegenwärtig in den Gaben von Brot und Wein. Deshalb heißt diese Stelle „Wandlung": Was vorher für uns nur Brot und Wein war, heißt jetzt: „Die Gegenwart Jesu unter uns, er ist da". Dieses Wort erinnert uns auch daran, dass sich in der Taufe, wenn wir als Christen leben, unser Leben verwandelt.

Vaterunser – Dies ist unser „Tischgebet" als Kinder Gottes, das uns Jesus selber gelehrt hat. Am Ende dann bitten wir, er möge uns vor allem Bösen und Unfrieden von außen und vor jeder Verwirrung und Sünde unter uns bewahren – so wie Gott auch den Weg Israels immer begleitet hat.

Für die Eltern – Die Teile der Mahlfeier

Gabenbereitung: Die Ministranten – Minister heißt Diener – bringen **Brot und Wein** und Wasser zum Altar. Bei der Kreuzigung Jesu flossen Blut und Wasser aus seiner Seite, als der Soldat ihm die Lanze ins Herz stieß. Im Gedenken daran wird der Wein mit Wasser vermischt. Wenn der Altar bereitet ist, spricht der Priester leise für sich, manchmal aber auch laut über die Gaben von Brot und Wein das Segensgebet, wie es auch in Israel beim festlichen Mahl gesprochen wurde:

Priester: *Gepriesen bist du, Herr, unser Gott, Schöpfer der Welt. Du schenkst uns das Brot, die Frucht der Erde und der menschlichen Arbeit. Wir bringen dieses Brot vor dein Angesicht, damit es uns das Brot des Lebens werde.*

Alle: Gepriesen bist du in Ewigkeit, Herr, unser Gott.

Priester: *Gepriesen bist du, Herr, unser Gott, Schöpfer der Welt. Du schenkst uns den Wein, die Frucht des Weinstocks und der menschlichen Arbeit. Wir bringen diesen Kelch vor dein Angesicht, damit er uns der Kelch des Heiles werde.*

Alle: Gepriesen bist du in Ewigkeit, Herr, unser Gott.

Der Priester nimmt dann die **Händewaschung** vor. Die Tradition der Abwaschung von Schuld vor kultischen Handlungen reicht bis in die frühe Zeit Israels zurück. In Exodus 40,32 heißt es über den Priester Aaron und dessen Söhne: „Wenn sie in das Offenbarungszelt eintraten oder sich dem Altar näherten, wuschen sie sich, wie es der Herr dem Mose geboten hatte." Heute spricht der Priester dazu ein Reinigungsgebet für seine Sünden. Oft singen wir ein Lied zur Gabenbereitung. Die Gläubigen geben bei der **Kollekte** eine Geldgabe in das herumgereichte Körbchen für Notwendigkeiten in der Pfarrgemeinde, manchmal auch für größere Anliegen im Dienst an anderen.

Gabengebet: Der Priester bittet, dass Gott die Gaben von Brot und Wein annehme und sie uns zum Heil, zur Hilfe werden. Er stellt Jesus Christus dar, in der Mitte der Gemeinde, deshalb trägt er ein besonderes Gewand. Christus ist unter uns anwesend, wenn wir in seinem Geist versammelt sind. „Denn wo zwei oder drei in meinem Namen versammelt sind, da bin ich mitten unter ihnen" (Mt 18,20).

Nach dem Gabengebet stehen wir wieder auf.

Beispiel eines Gabengebetes:

Priester: *Herr, unser Gott, die Gaben, die wir bereitet haben, sind Zeichen unserer Hingabe an dich. Darum bitten wir: Wie Brot und Wein in der Kraft des Geistes geheiligt werden, so heilige auch uns selbst immer mehr nach dem Bilde unseres Herrn Jesus Christus, der mit dir lebt und herrscht in alle Ewigkeit. Amen.*

Hochgebet: Dieses feierliche Dankgebet und dieser Lobpreis an Gott für seine Heilstaten durch die Geschichte des Alten Testamentes und an und durch Christus **beginnt mit der Präfation,** einem Lobpreis Gottes für unsere Erlösung, **und endet vor dem Vaterunser mit unserer Zustimmung im „Amen".** Zu den hohen Festen im Kirchenjahr werden unterschiedliche Hochgebete verwendet. Diese Texte finden sich im „Gotteslob" (Die Eucharistie, ab Nr. 580). Hier stehen auch die Gebete, die der Priester über Brot und Wein spricht, ebenfalls sämtliche Antworten, die das Volk im Gottesdienst gibt.

Sanctus: Im Hochgebet singen wir das dreimalige Heilig, einen Preisgesang vor Gott, unserem König. Wir nennen es sogar den Preisgesang der Engel.

Die eucharistischen Gaben →

Für die Eltern

Diese Mahlfeier ist Zeichen der Gemeinschaft mit Christus am konkreten Ort seiner Kirche. An die Hingabe seines Lebens erinnert **das Kreuz auf dem Altar:** Jesus hat sein Leben für uns hingegeben; er war unschuldig. Er hat eine Revolution gebracht, nicht mit Waffen, sondern mit seinem Dienst für Gott: Er hat die verlorenen Schafe Israels wieder gesammelt. Darin fand er auch Gegner, meist aus der religiösen Führungsschicht. Vielleicht fürchteten sie um ihren Einfluss, vielleicht waren einige irrtümlich wirklich überzeugt, er würde den Glauben Israels auflösen. So wurde er vor der römischen Besatzungsmacht als Aufwiegler denunziert und hingerichtet. Die Erinnerung daran und den Dank für das Heilswerk Gottes durch seinen Sohn Jesus Christus begeht die ganze Kirche in jedem Gottesdienst.

„Dieses ‚Gedenken' ist freilich mehr als bloße Erinnerung. Es ist Vergegenwärtigung der vergangenen Heilsgeschichte nach dem Vorbild von Dtn 5,2–3: ‚Nicht mit unseren Vätern hat der Herr diesen Bund geschlossen, sondern mit uns, die wir heute hier stehen, mit uns allen, mit den Lebenden.' Die Vergangenheit verwandelt sich in Gegenwart. In dieses jüdische Grundverständnis der M e m o r i a ist die Kirche eingetreten. Es erhält im Gegenwärtigwerden Jesu Christi in den eucharistischen Gaben seine letzte Verdichtung" (Gerhard Lohfink).

Vaterunser: „Wir heißen Kinder Gottes und sind es", lautet eine Einleitung zum Vaterunser. Wir bitten darin noch einmal um das Kommen seines Reiches, um Hilfe für das tägliches Leben im Licht des Glaubens.

Heute sehen wir, wie wichtig das **Friedensgebet** ist bei so vielen Kriegen auf der Erde. Der Priester spricht: „Gebt einander ein Zeichen des Friedens und der Versöhnung". Wir geben unseren nächsten Nachbarn die Hand und sagen: „Der Friede sei mit dir!"

Im **Agnus Dei** („Lamm Gottes") bitten wir um Erbarmen — dieses Lamm Gottes ist Jesus, der Leiden und Sterben auf sich genommen hat, auch für uns.

Bei der **Kommunionspendung** spricht der Priester dazu **„Der Leib Christi"**. Und der Empfangende antwortet mit **„Amen"**. Durch die Kommunion gehören wir als seine neue Familie, als seine Gemeinde, zusammen. Die Kirche ist jetzt wie der sichtbare Leib Christi auf Erden.

Zur Danksagung singen wir meist einen Dankpsalm oder ein Loblied. **Schlussgebet und Segen** sowie evtl. ein **Schlusslied** bilden den Abschluss des Gottesdienstes. Gestärkt werden die Gläubigen für ihren Dienst in der Welt entlassen.

Die ganze Kirche (KKK Nr. 1369)

Die ganze Kirche ist mit dem Opfer und der Fürbitte Christi vereinigt. Da der Papst mit dem Petrusdienst in der Kirche betraut ist, ist er an jeder Eucharistiefeier beteiligt, in der er als Zeichen und Diener der Einheit der Gesamtkirche genannt wird. Der Ortsbischof ist stets für die Feier der Eucharistie verantwortlich, selbst dann, wenn ihr ein Priester vorsteht; sein Name wird genannt, um darauf hinzuweisen, dass er inmitten des Presbyteriums und mit der Assistenz der Diakone den Vorsitz über die Teilkirche führt. Die Gemeinde tritt auch für alle zum Dienst in der Kirche Bestellten ein, die für sie und mit ihr das eucharistische Opfer darbringen.

Friedensgruß – Wir geben den Friedensgruß Jesu untereinander weiter: Der Friede sei mit dir! Es ist eine Stärkung für die ganze Woche, ein Ruf zur Versöhnung und zur Anteilnahme am Glaubensleben der anderen.

Agnus Dei, das heißt „Lamm Gottes". Wir haben gehört: beim Pessachfest (Paschafest) zur Erinnerung an den Auszug aus Ägypten wurden Lämmer geschlachtet. Jesus starb – wie ein Lamm, das sich hingibt für die Menschen – an einem Pessachfest. Die Christen haben die Erinnerung mit der Auferstehung Jesu verbunden und es „Ostern" genannt; denn im Osten geht die Sonne wieder auf. Oder sie nannten es Pascha in Erinnerung an das jüdische Pessach-Fest.

Kommunion – Wir feiern Gemeinschaft mit Christus und untereinander als seine Gemeinde.

Danksagung – Wir singen ein Danklied an Gott, unseren Schöpfer, und an Christus, unseren Erlöser.

Schlussgebet – Der Priester bittet, dass uns dieses Mahl stärke für unser Leben als Christen.
Oft werden an dieser Stelle wichtige Berichte aus dem Leben der Gemeinde weitergegeben. Es wird über Anfragen oder Aufgaben gesprochen: Der Blick geht über den Kirchenraum hinaus auf die kommende Woche, auf die Kirche in Rom, in andere Länder, darauf, was unsere Mitmenschen bewegt.

Segen – Dann segnet der Priester die ganze Gemeinde: „Es segne euch der Vater, der Sohn und der Heilige Geist."

Anregungen aus der Praxis ...
Zum Sakrament der Eucharistie

- Ihr Kind und auch Sie sollen sich in Ihrer Ortskirche zu Hause fühlen. **Feiern Sie mit Ihrem Kind die Sonntagsmesse mit.** Wenn Sie dieses Buch mitnehmen, können Sie gemeinsam den Ablauf der Messe darin mitverfolgen (ab S. 86); zu Hause können Sie in einem Schott-Messbuch einzelne Gebete nochmals nachlesen und dem Kind erklären.

- Auch außerhalb der Messzeiten lohnt sich der **Besuch einer Kirche.** Sie können dann in Ruhe mit Ihrem Kind alles anschauen und erzählen, was jedes Ding bedeutet, warum es in der Kirche ist (in unserem Buch ab S. 97). Vielleicht findet sich sogar jemand aus der Pfarrei, der Ihnen die Kirche zeigt und erklärt. Besonders schön wäre es, wenn der Priester dafür Zeit hätte. Dann könnten Sie auch in der Sakristei die kirchlichen Geräte und Gefäße, die Messbücher, die liturgischen Gewänder, auch die der Ministranten, anschauen; die Kinder evtl. selber fotografieren lassen.

- Es ist gut, den Kindern auch den **Beichtstuhl** zu erklären: Wenn jemand zur Beichte oder mit einer Frage zu einem Priester kommen möchte, kann er immer einen Termin ausmachen. Es gibt aber auch Zeiten, zu denen ein Priester in der Kirche da ist, damit man ungestört beichten oder sprechen kann. Dazu dient der meist sehr kleine Raum, den man Beichtstuhl nennt.

- Es gibt besondere **Feste in der Kirche, die Sie mitfeiern könnten:** die hohen Feste im Kirchenjahr, das Patronatsfest einer Kirche, den Erntedanksonntag — meist September/Oktober, den Martinsumzug, die Adventsfeier, eine Krippenfeier, das Dreikönigssingen ...

- Manchmal schließt sich in der Pfarrei an solche Feste ein **„Agapemahl"** an, zu dem viele noch beisammenbleiben. In unseren Wohnungen könnte der Tisch in unserer Mitte ebenfalls ein besonderer Ort des Friedens für gemeinsame Mahlzeiten und Gespräche sein.

Rundgang durch eine Kirche

Der Name der Kirche

Was ist ein Kirchenpatron?
Jede Kirche hat den Namen eines Heiligen, dem sie geweiht ist, so wie wir unseren Namen haben. Der Gedenktag dieses Heiligen ist für die betreffende Gemeinde ein Fest.

Weshalb werden unsere Kirchen überhaupt mit Heiligen zusammengebracht?
Aus dem tiefen Wissen, dass die Kirche immer von den Menschen lebt, die zu ihrer Zeit fest geglaubt und uns so den Glauben weitergegeben haben.

Wo sind in unserer Pfarrkirche ein Bild oder eine Figur des Kirchenpatrons oder der Kirchenpatronin zu sehen?
Sehr häufig erzählt das Bild über dem Hochaltar eine Legende aus dem Leben dieses Heiligen, oder eine große Figur steht an einer gut sichtbaren Stelle in der Kirche. Die Märtyrer, so z. B. einige Apostel, tragen meist Bilder der Geräte mit sich, mit denen sie gemartert und getötet wurden.

Was ist eine Legende in der Kirche?
Eine Erzählung, die mit bildhaften Worten ausschmückt, was den Glauben einer, eines Heiligen kennzeichnet als das, was Gott mit ihm wirkt.

Der Altar

Was war er ursprünglich?
Ein Tisch.

Wozu dient er?
Brot und Wein werden bei der Gabenbereitung zum Altar gebracht für die Eucharistiefeier. Wir nennen ihn auch den Tisch des Herrn. Ein Kreuz steht darauf oder hängt darüber; es erinnert an den Opfertod Jesu für unsere Erlösung. Die Gläubigen sollten möglichst von ihrem Platz aus zum Priester und zum Altar schauen können.

Wo haben die Reliquien im Altar ihren Ort?
Sie sind meist dort eingemauert, wo der Priester zu Beginn der heiligen Messe den Altar küsst.

Was sind Reliquien?
Die Überreste von Märtyrern und Heiligen, z. B. kleine Teilchen ihrer Gebeine oder ihrer Kleider.

Warum sind Reliquien in der Altarplatte eingelassen?
Weil wir daran erinnert werden sollen, dass der gelebte Glaube von Zeugen den Menschen hilft. Darum feierte man auch in der frühen Kirche oft Gottesdienste über den Gräbern der Märtyrer.

Die Kerzen

Welche Aufgaben hatten die Kerzen früher?
Als es noch kein elektrisches Licht gab, waren sie die einzigen Lichtquellen.

Worauf weisen sie hin?
Sie verweisen auf Christus, das Licht der Welt. Wenn der Priester das Evangelium vorträgt, stehen rechts und links Ministranten mit Kerzenleuchtern, das bedeutet: Diese Frohe Botschaft bringt Licht in die Welt.

Welche Bedeutung hat die ganz große, verzierte Kerze mit der Jahreszahl?
Das ist die Osterkerze; entzündet wird sie zum ersten Mal am Osterfeuer in der Feier der Osternacht. Oft wird dieses Jahr des Herrn vom Priester in die Kerze eingeritzt. Bei einer Tauffeier holt der Pate an ihrer Flamme das Licht für die Taufkerze.

Der Weihrauch

Was ist das?
Das ist getrocknetes Harz vom Weihrauchbaum, der in südlichen Ländern wächst. Das Harz ist körnig und sieht gelblich-braun aus. Wenn es im Weihrauchfass angezündet wird, verbreitet es einen wunderbaren Duft.

Wann und warum wird er im Gottesdienst verwendet?
An hohen Festen und Heiligengedenktagen; mit Weihrauch geehrt, d. h. angeschwenkt mit dem Weihrauchfass, werden die eucharistischen Gaben von Brot und Wein und der Altar, das Kreuz, das Evangelienbuch, die Osterkerze, der Priester und die ganze Gemeinde. Der Duft des Weihrauchs soll zur Ehre Gottes zum Himmel steigen.

(In der Frühzeit wurden Orgel und Weihrauch nur beim Auftreten des heidnischen römischen Kaisers verwendet. Als das Reich christlich wurde, sagte man: Kein Mensch soll so verehrt werden, nur Gott.)

Die Blumen

Weshalb schmücken wir unsere Kirchen überhaupt mit Blumen?
Jeder Gottesdienst ist ein Fest und die Schönheit der Welt soll hier zusammengeholt sein.

Zu besonderen Festen werden z. B. Girlanden geflochten oder Bäumchen aufgestellt.

Das ewige Licht

Was bedeutet es, wo brennt es?
Das ewige Licht ist eine Lampe, in der meist ein Öllicht in einem roten Gefäß brennt, das nie ausgelöscht wird. Dieses Licht ist Zeichen der Gegenwart Christi und deshalb in der Nähe des Tabernakels angebracht, in dem das eucharistische Brot aufbewahrt wird.

Der Tabernakel

Wo steht er?
Meistens befindet er sich auf einem Seitenaltar und ist ein kostbar mit Gold und Edelsteinen geschmücktes Schränkchen, das nach dem Gottesdienst abgeschlossen wird.

Wozu dient er?
Zur Aufbewahrung des eucharistischen Brotes in einem goldenen Gefäß.

Woher kommt das Wort Tabernakel?
Vom lateinischen tabernaculum = Zelt. Wohl eine Erinnerung an das Heilige Zelt in der Wüste im Alten Bund, in dem die Bundeslade mit den Gesetzestafeln stand, die die Israeliten an die unsichtbare Gegenwart Gottes erinnert. Noch heute brennt in den Synagogen der Juden vor dem Schrein mit der Schriftrolle ein „ewiges Licht".

Die Kanzel, der Ambo

Weshalb war früher die Kanzel so hoch gebaut?
Weil es noch keine Lautsprecheranlagen gab. Alle Leute sollten die Predigt gut hören können.

Weshalb war die Kanzel so schön gestaltet?
Weil von hier aus das Wort Gottes, das Evangelium, ausgelegt wurde. Häufig sind die vier Evangelisten an der Kanzel dargestellt.

Was geschieht am Ambo?
Dort werden die Lesungen und das Evangelium vorgetragen. Meistens wird heute auch vom Ambo aus gepredigt.

Die Kreuzwegstationen

Was ist das? Wo sind sie?
In vielen Kirchen hängen an den Seitenwänden entlang die 14 Kreuzwegbilder, sie zeigen den Leidensweg Jesu. Das erste Stationsbild heißt: Jesus wird zum Tode verurteilt. Das 14. Bild heißt: Der Leichnam Jesu wird ins Grab gelegt. So haben wir in jedem Gottesdienst die Leidensgeschichte Jesu ganz nahe vor Augen.

Was ist eine Kreuzwegandacht?
In einer Kreuzwegandacht — sie findet meistens in der Karwoche vor Ostern statt — gehen die Gläubigen mit einem Vorbeter von Station zu Station und singen und beten miteinander; zur Leidensgeschichte Jesu werden an jeder Station bestimmte Stellen aus den Evangelien vorgelesen. Es gibt auch Kreuzwegstationen im Freien mit einem längeren Weg.

Heiligenfiguren und Engel

Warum sind in der Kirche verschiedene Heiligenfiguren zu sehen und Engel?
Weil alle Heiligen uns den Weg als Christen vorangegangen sind. Ihre Geschichte stärkt uns und wir können zu ihnen beten. Je nach Gegend werden bestimmte „Lieblingsheilige" verehrt, die z. B. dort gelebt haben. Die Engel waren seit Beginn der Schöpfung Boten zwischen Gott und den Menschen. In vielen biblischen Geschichten helfen sie auf der Erde. Auch heute noch können wir Helfer Gottes erfahren.

Die Apostelkreuze und Apostelleuchter

Wie viele gibt es?
Zwölf.

Warum heißen sie so? Woran erinnern sie?
Apostelkreuze und Apostelleuchter heißen die zwölf in den meisten Kirchen an den Wänden angebrachten Kreuze mit Leuchtern, die daran erinnern, dass Jesus seine Kirche auf dem Fundament der zwölf Apostel aufgebaut hat. Sie erinnern auch an die zwölf Stämme Israels im Alten Testament. An bestimmten Festen werden die Apostelleuchter angezündet.

Der Taufstein

Wozu ist er da?
Darin wird das in der Osternacht geweihte Wasser für die Taufe aufbewahrt. Oft steht der Taufstein oder das Taufbecken in einer Taufkapelle. Hier werden die Kinder getauft. Neben dem Taufstein oder sonst an einer Stelle in der Kirche kann man geweihtes Wasser nach Hause mitnehmen, als Erinnerung an die Taufe. Manche Christen haben zu Hause an der Wand einen kleinen Behälter für dieses Wasser.

Das Weihwasserbecken

Wo finden wir es?
Im Eingangsbereich der Kirche ist rechts und links von der inneren Eingangstüre ein Gefäß in die Wand eingelassen und mit geweihtem Wasser gefüllt. Wir können damit beim Betreten und Verlassen der Kirche ein Kreuzzeichen machen.

Woran soll es uns erinnern?
An unsere Taufe, und daran, dass Gott allezeit seine schützende Hand über uns hält. Es bedeutet auch eine Art Reinigung, bevor wir im Gottesdienst vor Gott stehen.

Die Orgel

Wozu ist sie da?
Sie ist ein sehr großes Musikinstrument; sie begleitet unsere Lieder und gestaltet unsere Gottesdienste feierlich.

Wo steht sie?
In größeren Kirchen ist die Orgel über dem Eingang auf der Empore eingebaut. Hier ist auch Platz für einen Chor, der an Festtagen singt. Eine kleinere Orgel kann vorne in der Kirche sein.

Die Glocken

Wann läuten sie? Weshalb?
Sie rufen uns zum Gottesdienst, sie läuten zu bestimmten Gebetszeiten oder sagen uns, dass jemand aus der Gemeinde gestorben ist. Auch eine Hochzeit läuten sie ein. Die verschiedenen Anlässe kann man manchmal am Läuten erkennen, da es mehrere Glocken gibt. Am Glockenturm ist meistens eine Uhr eingebaut. Früher war das vielleicht die einzige Uhr im Ort.

Die Sakristei

Sie ist ein Nebenraum der Kirche, meist vom Altarraum aus zugänglich. Hier werden die liturgischen Gewänder, die sakralen Gefäße wie Kelch und Hostienschale, die Messbücher, die Kerzenleuchter, das Weihrauchfass usw. aufbewahrt — einfach alles, was für den Gottesdienst gebraucht wird. Die Sakristei ist der Vorbereitungs- und Umkleideraum für Priester, Ministranten usw. Ein Mesner hilft dabei.

Wenn die Prozession mit Priester und Ministranten die Kirche betritt, wird zuerst die Glocke geläutet, die am Ausgang der Sakristei angebracht ist. Dann stehen alle Kirchenbesucher auf, der Gottesdienst beginnt.

Anregungen aus der Praxis …

Und dann kommen die Ferien

- **Auch am Urlaubsort sind Sie eingeladen einen Gottesdienst mitzufeiern.** Dann könnten Sie in der Kirche einen Rundgang machen, die Kirche anschauen, ob alles, was zu Hause in der Kirche zu sehen ist, sich auch hier finden lässt. Welche Bilder oder Figuren von Heiligen gibt es? Sind Bilder aus dem Leben Jesu zu sehen?

  Inzwischen gibt es an vielen Orten **museumspädagogische kirchliche und kunstgeschichtliche Führungen,** bei denen die Kinder anschließend selber etwas gestalten dürfen. Das prägt sich natürlich am stärksten ein.

  Z. B. wird bei einer Ausstellung zur Buchmalerei in Bibeln oder Messbüchern angeboten, dass die Kinder anschließend selber eine Initiale farbig gestalten und mit Federkiel und Tinte einen Vers aus einem Psalm abschreiben können.

  Oder Sie malen selbst mit dem Kind Urlaubseindrücke, gestalten ein kleines Heftchen mit Angabe des Jahres …

- **In größeren Kirchen gibt es sicher Führungen,** bei Domkirchen wird die Besichtigung der „Dombauhütte" angeboten, weil an solchen Kirchen durchgehend restauriert werden muss. Die Kinder können dabei an Ort und Stelle nach alten Steinmetzzeichen suchen oder auch selber Steinmetzarbeiten am weichen Schaumbetonstein versuchen.

  Und dann können Sie **aus der Kirche des Urlaubsortes Ansichtskartengrüße an die Paten, an Verwandte und Schulfreunde schicken,** und Ihr Kind kann darauf schreiben, was es besonders interessiert hat.

Und wir wünschen Ihnen noch einen sehr schönen Urlaub!

Die Verfasser.

Psalmengebete

Loblied auf den Schöpfer

Wie zahlreich sind deine Werke, Herr!
Da ist das Meer, so groß und weit,
darin ein Gewimmel, nicht zu zählen:
kleine und große Tiere.
Du lässt Quellen sprudeln in Bäche,
sie eilen zwischen den Bergen dahin.
Darüber wohnen die Vögel des Himmels,
aus den Zweigen erklingt ihr Gesang.
Du tränkst die Berge aus deinen Kammern,
von der Frucht deiner Werke wird die Erde satt.
Du lässt Gras wachsen für das Vieh,
und Pflanzen für den Ackerbau des Menschen.
Du machst den Mond zum Maß für die Zeiten,
die Sonne weiß, wann sie untergeht.
Ich will dem Herrn singen in meinem Leben,
meinem Gott singen und spielen, solange ich da bin.
Aus Psalm 104

Gottes Güte

Preise den Herrn, meine Seele,
und alles in mir seinen heiligen Namen.
Er hat Mose seine Wege kundgetan,
den Kindern Israels seine Werke.
Der Herr ist barmherzig und gnädig,
langmütig und reich an Huld.
Wie ein Vater sich seiner Kinder erbarmt,
so erbarmt sich der Herr über alle, die ihn fürchten.
Aus Psalm 103

Gemeinschaft mit Gott

Der Herr ist mein Licht und mein Heil:
Vor wem sollte ich mich fürchten?
Der Herr ist die Zuflucht meines Lebens:
Vor wem sollte mir bangen?
So leite mich du mit sicherer Hand,
zeige mir deine Wege.
Ich aber bin gewiss, zu schauen
die Freundlichkeit des Herrn
im Lande der Lebenden.
Nach Psalm 27

Der Hüter Israels
Ein Wallfahrtslied

Ich erhebe meine Augen zu den Bergen:
Woher kommt mir Hilfe?
Meine Hilfe kommt vom Herrn,
der Himmel und Erde erschaffen hat.
Er lässt deinen Fuß nicht wanken;
dein Hüter schlummert nicht ein.
Der Herr behütet dich vor allem Bösen,
er behütet dein Leben.
Der Herr behütet dein Gehen
und dein Kommen
von nun an bis in Ewigkeit.
Aus Psalm 121

Für die Eltern

„Was macht die Sprache der Psalmengebete so unverwechselbar? Zunächst einmal: Die Psalmen haben nichts Formloses, nichts Schwammiges an sich. Sie wuchern nicht vor sich hin. Sie sind gefasst und haben klare Konturen. Zwar gibt es im Aufbau der einzelnen Psalmen und des Psalters selbst zahlreiche Wiederholungen.

Seltsamerweise bringen sie die Psalmensprache aber nicht zum Zerfließen, sondern machen sie nur noch nachdrücklicher. Sie verinnerlichen und vertiefen sie. ... Die Sprache der Psalmen ist immer jung – obwohl sie alt ist. Wer die Psalmen betet, betritt einen Raum, in dem die gesamte Geschichte Gottes versammelt ist. ... Wer die Psalmen betet, ist von Gott behütet unterwegs, ja er ist schon in der Heimat angekommen" (Gerhard Lohfink).

Tipp: Mit der Zeit einige Psalmengebete auswendig lernen

Quellenangaben

Quellenangaben:

S. 36: **Gerhard Lohfink, Beten schenkt Heimat, Theologie und Praxis des christlichen Gebets**
© Verlag Herder GmbH, Freiburg i. Br. 2013, S. 172f

S. 43: Aus der Predigt von Bischof Gerhard L. Müller im Hohen Dom zu Regensburg am 29.4.2012,
Bistum Regensburg

S. 43: Aus der Predigt von Papst Benedikt XVI. bei seiner Amtseinführung am 24.4.2005 am Petersplatz in Rom.
Verlautbarungen des Apostolischen Stuhls Nr. 168, S. 33f, Predigten u. Ansprachen April/Mai 2005, hrsg. vom Sekretariat der Dt. Bischofskonferenz, Bonn

S. 44: Aus der Predigt von Papst Franziskus bei seiner Amtseinführung am 19.3.2013 am Petersplatz in Rom
© **Libreria Editrice Vaticana**

Gebete aus dem Gotteslob (GL):
© **2013 Katholische Bibelanstalt GmbH, Stuttgart**
Die Ständige Kommission für die Herausgabe der gemeinsamen liturgischen Bücher im deutschen Sprachgebiet erteilte für die aus diesen Büchern entnommenen Texte die Abdruckerlaubnis.
S. 47: Das Vaterunser GL 3.2
S. 71: Das Allgemeine Schuldbekenntnis GL 582,A4
S. 82: Das Apostolische Glaubensbekenntnis GL 3.4
S. 92: Gabenbereitung und Gabengebet GL 587.3

S. 86: **Joseph Ratzinger, Licht, das uns leuchtet. Meditationen zur Advents- und Weihnachtszeit**
© Verlag Herder GmbH, Freiburg i. Br. 1999

S. 86: Aus der Predigt von Papst Benedikt XVI. in Altötting am 11.09.2006
Passauer Bistumsblatt

S. 94: **Gerhard Lohfink, a.a.O., S. 231**

S. 109: **Gerhard Lohfink, a.a.O., S. 158 und S. 178**

Katechismus der Katholischen Kirche (KKK)
© Verlag Oldenbourg, München (br.) – **Libreria Editrice Vaticana 1993**
Verse aus dem KKK mit Nr. im Text angegeben;
‚siehe auch + Nr.' = nicht wörtlich zitiert

Alle Bibeltexte aus
Einheitsübersetzung der Heiligen Schrift
© **2016 Verlag Katholisches Bibelwerk GmbH, Stuttgart**

Bildnachweis:

Soweit nicht anders angegeben, stammen Bilder und Zeichnungen von Christl Keller

S. 76 u. 77: „Christus in der Mitte der zwölf Apostel", Holzrelief, Niederbayern 15. Jh.; KIG-Archiv

S. 43: Papst Benedikt XVI.; Gasper Furman / Shutterstock.com

S. 44: Papst Franziskus; giulio napolitano / Shutterstock.com

Icon Kinder: the Noun Project

Icon Anregungen: Ludovic Riffault, the Noun Project

Impressum:

4. Auflage 2021
© Alle Rechte bei Verlag Neue Stadt GmbH, München

Farbige Bilder und Zeichnungen:
Christl Keller

Zusammenstellung der Texte:
Heide Stöhr-Zehetbauer

Gestaltungskonzept, Layout und Satz:
Sebastian und Anna Jopen, www.jopen.net
Oliver Buchmüller, www.hob-design.de

Druck:
Buchdruck-Zentrum, Prüm

ISBN 978-3-7346-1105-6